期刊编辑校对实务指南

李 薇 著

中国民族文化出版社

北 京

图书在版编目（CIP）数据

期刊编辑校对实务指南 / 李薇著. -- 北京：中国民族文化出版社有限公司,2023.9

ISBN 978-7-5122-1780-5

Ⅰ. ①期… Ⅱ. ①李… Ⅲ. ①期刊编辑－指南Ⅳ. ①G237.5-62

中国国家版本馆 CIP 数据核字（2023）第 184863 号

期刊编辑校对实务指南

QIKAN BIANJI JIAODUI SHIWU ZHINAN

作　　者	李　薇
责任编辑	张　宇
责任校对	李文学
出版发行	中国民族文化出版社　　地址:北京市东城区和平里北街 14 号
	邮编:100013　联系电话:010-84250639　64211754（传真）
印　　装	三河市嵩川印刷有限公司
开　　本	710 mm×1000 mm　1/16
印　　张	12.5
字　　数	220 千字
版　　次	2023 年 9 月第 1 版
印　　次	2025 年 1 月第 1 次印刷
标准书号	ISBN 978-7-5122-1780-5
定　　价	68.00 元

目　录

第一章　期刊与期刊出版 ………………………………………… 1

 第一节　期　刊 …………………………………………………… 1

 第二节　期刊的出版 ……………………………………………… 8

第二章　期刊编辑的职责 ………………………………………… 14

 第一节　期刊编辑的工作特点 …………………………………… 14

 第二节　期刊的内容策划 ………………………………………… 19

 第三节　期刊的稿件审读 ………………………………………… 26

第三章　期刊的性质与种类 ……………………………………… 27

 第一节　期刊的性质 ……………………………………………… 27

 第二节　期刊的社会功能 ………………………………………… 30

 第三节　期刊的种类 ……………………………………………… 33

第四章　期刊编辑的组织与管理 ………………………………… 39

 第一节　期刊社的组织架构与职能 ……………………………… 39

 第二节　期刊编辑的管理 ………………………………………… 46

第五章　作者、编者与读者的关系 ……………………………… 53

 第一节　编者与作者的关系 ……………………………………… 53

 第二节　读者与编者的关系 ……………………………………… 54

 第三节　作者与读者的关系 ……………………………………… 57

第六章　期刊稿件的处理 ………………………………………… 58

 第一节　期刊的组稿 ……………………………………………… 58

第二节　期刊的审稿 …………………………………………… 69

第三节　稿件的修改和加工 ……………………………………… 83

第四节　期刊的校对和出版 ……………………………………… 93

第七章　期刊的文字编辑加工 ………………………………… 96

第一节　编辑加工的意义 ………………………………………… 96

第二节　编辑加工的方法 ………………………………………… 98

第三节　编辑加工的原则 ……………………………………… 101

第四节　编辑加工的内容 ……………………………………… 103

第八章　期刊标题的加工 ……………………………………… 110

第一节　标题的作用和审读 …………………………………… 110

第二节　标题加工的考虑因素 ………………………………… 114

第三节　期刊标题类型 ………………………………………… 115

第四节　标题的编辑 …………………………………………… 120

第五节　标题的修改 …………………………………………… 124

第九章　编辑常用资料汇编 …………………………………… 131

第一节　编辑常用工具书和数据库 …………………………… 131

第二节　《标点符号用法》使用中应注意的问题 …………… 141

第三节　书名号使用问题 ……………………………………… 149

第四节　容易用错的标点符号 ………………………………… 154

第五节　编辑容易用错的字 …………………………………… 158

第六节　编辑工作中常见的字词问题 ………………………… 167

参考文献 ………………………………………………………… 196

第一章　期刊与期刊出版

第一节　期　刊

一、期刊与杂志的概念

期刊又称杂志，它是记录和报道科学技术、社会、政治、经济和文化各个领域的活动和发展的一种出版物类型。作为一种传播媒介，期刊在文献发展史上，只有300多年。但在图书馆收藏的文献中，期刊又是增长速度较快的一种文献类型，至今仍保持着旺盛的势头。

期刊在公众面前的展示，必须保持连续性，并基于其专业性而在特定领域对特定受众产生影响。这一影响通常因为连续出版，具有相当长的持续性。

一直以来，期刊因影响力大在出版物中占据着重要位置，不容忽视。随着社会的发展进步、科技的创新飞跃，期刊传播方式逐渐转变，形成网络化、多种类媒介融合的系统，针对不同领域和不同人群，期刊发挥着特有的使命和作用，这在期刊历史发展中成为重要标志。

研究期刊编辑，首先就要了解期刊的概念。下面试举权威性辞书的解释为例：

（1）期刊：亦称"杂志"。根据一定的编辑方针，将众多作者的作品汇集装订成册，定期或不定期的连续出版物。每期版式大体相同。有

固定名称，用卷、期或年、月顺序编号出版。有专业性和综合性两类。（《辞海》第七版）

（2）期刊：按一定时期出版的刊物、如周刊、月刊、季刊等。（《现代汉语词典》（第七版）

（3）期刊：具有同一标题的定期或不定期的以印刷出版为主的连续出版物，是人类社会记录、保存、传播知识等信息的主要载体之一，是供大众阅读的综合性杂志与供专业人员阅读的刊物的总称。（《中国大百科全书》）

对"期刊"这一概念，国内外历来有两种不同的观点。联合国教科文组织 1957 年曾向当时 146 个成员方发出调查表统计各国的期刊，分析了收回的资料后发现，各国对期刊的概念理解不一致，统计无法进行。广义的概念认为期刊包括所有无限期出版下去的连续出版物；狭义的概念认为年度出版一期（次）以上的定期连续出版物才能被视为期刊。为此，联合国教科文组织于 1964 年 11 月 19 日在巴黎举行的大会上通过一项折中的关于期刊的定义："凡用同一标题连续不断（无限期）定期或不定期出版，每年至少出一期（次）以上，每期均有期次编号或注明日期的称为期刊。"中国政府对期刊概念的最新阐述，见于中华人民共和国新闻出版总署 2005 年 9 月 30 日颁布的《期刊出版管理规定》第二条："本规定所称期刊又称杂志，是指有固定名称，用卷、期或者年、季、月顺序编号，按照一定周期出版的成册连续出版物。"

二、期刊的主要特征

期刊的主要特征可以归纳如下：

第一，期刊是连续性出版物。所谓"连续性出版物"，指的是用同一名称，以卷、期或年、月、日顺序编号连续出版的出版物。连续性出版物中最重要、最主要的品种，一是期刊，一是报纸。

连续性出版物都具有这样一种特征，即无预定终结期，似乎具有无限延续性。但实际上，总有一天会停止出版的。只是期限之长短，事先是未曾预定的。作为连续性出版物的期刊，自然也具有这种连续性出版物的特征。

第二，期刊是定期出版的。定期出版指的是各期之间的出版间隔期是固定的。期刊有季刊、双月刊、月刊、半月刊、旬刊、周刊之分，就是表明其期与期之间间隔期之长短，也就是固定的刊期。如季刊是每个季度出版一期，双月刊是两个月出版一期，月刊是每月出版一期等。

不定期出版的刊物，其所以不应包括在期刊之内，正因为它不具备期刊的这个特征。倘若它具备除此之外其他条件，则可以涵盖于"杂志"称谓之下。

第三，期刊是按一定的方针编辑的。这指的是期刊虽然是一期一期陆续编辑出版的，但各期又都是按同样的编辑方针来编辑的。如果说固定的刊名是从外在体现期刊的连续性出版物特征，那么，统一的编辑方针则是从内在体现期刊的连续性出版物特征。

不排除有的期刊中途变更编辑方针，但不应因此而否定期刊的这一特征。首先，中途变更编辑方针的总是少数；其次，即使中途变更编辑方针，也往往只是局部的调整，而很少是彻底的变更（如社会科学的历史期刊变为自然科学的医药期刊）；再次，变更编辑方针后也总还是在一定的相当长的时间里，按新的、一定的编辑方针编辑。

第四，期刊内容是多样的，作者是众多的。所谓内容的多样，包括期刊要容纳不止一篇而是多篇文章的多样性，要容纳主题不同、题材不同、观点不同以至体裁不同的多样性，篇幅或长或短，或文，或图，或表等多样性。

期刊内容的多样性特征又是与统一的编辑方针特征结合在一起的。期刊内容的多样性是统一的编辑方针下的多样性；期刊统一的编辑方针是要从期刊内容的多样性中去体现。这两种特征是互相制约又互相促进的。内容的多样特征，还体现在这些内容多样的文章，一般是由众多作者撰写的。

第五，期刊的篇幅具有相对的固定性，期刊的形式也具有相对的固定性，并且是装订成册。期刊的篇幅、开本乃至版式风格等也多是固定的。当然，不排除少数期刊会有变动，所以说是具有相对的固定性。中国的期刊篇幅多是固定的，中途即或扩充或缩减篇幅，以后也就固定成为扩充后或缩减后的篇幅。国外有的期刊即或不是每期篇幅固定，也是大体固定，因文章长短需要不同而伸缩篇幅，也只有少数几个页码的变动幅度，仍可以视作具有相对的固定性。

期刊的开本乃至版式风格等是较少变动的，具有相对的固定性。期刊都是装订成册的，只有在特殊条件下例外。期刊多都是平装成册的。知道期刊的这些主要特征后，也就明白什么是期刊了，期刊就是具备上述主要特征的出版物。

如果要为期刊下定义，表述如下：

期刊是一种定期出版的连续出版物，它按一定的方针编辑，刊登众多作者多样内容的文章，并以固定刊名、相对固定的形式顺序编号、成册出版。

如果还要说得更详细一点，自然还可以补充：例如期刊的社会意义、传播作用、文化功能等。但是，对任何一个概念下定义，都不可能概括概念的所有方面，只能揭示概念所反映对象的本质属性。上述定义指出了期刊的属性及种差，概括了期刊的主要特征，也就可以说是简明的定义。至于期刊的社会意义、传播作用、文化功能，可留待期刊编辑学来研究。

三、期刊的特点

期刊作为一种特殊出版物，出现较晚，在图书、报纸出现之后逐渐发展而来，并与书籍、报纸等出版物具有紧密的联系，但是在具体功能与表现形态上仍有显著的区别。

（一）期刊与报纸的区别

期刊和报纸同属于出版物类别中的连续出版物，两者相比主要有五大差异。

1. 外在形态

国内期刊通常使用的开本为 A4、B5、16 开、大 16 开、32 开、大 32 开等，但是报纸的开张通常是采用对开或 4 开。期刊在出版过程中需要装订成册，因此版式较小；而报纸一般采用大张折叠纸，所以散页居多。

2. 出版周期

期刊如按照出版周期分类，以周为周期称为"周刊"，以旬为周期称为"旬刊"，以此类推，还包括半月刊、月刊、双月刊、季刊、半年刊、年刊。报纸的出版周期大多较短，多以"日"或"周"为计算单位，甚至有报纸分为早晚报，一天两版。由此可见，期刊的出版周期要比报纸长许多。

3. 新闻时效

由于期刊的出版周期较长，所以其新闻时效性比报纸弱。但是这也是期刊的一个优势，得益于较长的出版周期，期刊通过对某一事件长期跟踪调查与研究分析，进而增加内容的深度与广度，提高内容的价值内涵。

4. 内在容量

由于报纸和期刊的篇幅存在较大差别，单期报纸与期刊的总字数，无法比较两者的具体容量，但是单纯按照单篇作品的容量而言，期刊的容量会远超于报纸。同时期刊由于采用多页纸张共同组版，其版面调节余地相对较大，并且对一些优质内容不限定篇幅，甚至孕育单期内组织数篇关联作品，以形成专题教育意义。而报纸受限于版面，对不同版面的内容文字量有着严格限制，同时也限制了整份报纸的内容含量。

5. 版面风格

期刊与报纸版面大小有着明显的差异。因此，其版面风格也有着较为明显的区别。期刊由于版面丰富，比较注重前后版面之间的衔接统一，风格较为流畅；而报纸由于版面较小，更注重版面内容的丰富性，并在不同版面上各设单元，强调版面的个性与统一。

（二）期刊与图书的区别

期刊与图书作为出版物而言具有明显的区别，主要有五方面的差异。

1. 连续性

期刊作为连续出版物，其显著的特点就是内容具有连续性特征，而图书多为一次性出版，内容缺乏连续性，因此，连续性也是期刊与图书之间最为显著的区别。一般情况下，期刊多使用同一个名称无限期的连续出版，虽然每一期单本的内容各不相同，但是其都使用同一个名字系列，而图书单本一个名字，没有这种连续性。

单本的期刊，虽然其内容量与总字数比不上图书，但是具有连续出版性的期刊，多期内容互不重复，并且下一期内容会对上一期期刊内容进行深化，并实现有效的知识积累。因此，整体来看，期刊与图书相比，具有在某一领域不断深化并积累文化知识的功能与价值。

2. 时效性

期刊由于具有一定的专业性，其内容也会要求贴近现实生活。因此，每期期刊内容都与时代背景文化存在高度联系，并且随着时间的推移，会显露出知识陈旧的现象。因此，期刊的内容具有一定的时效性，而图书由于其内容特性，其时效性较弱，内容价值相对稳定，甚至会随着时间的推移而进一步加强。

3. 节奏性

期刊可以按照出版周期分类，包括周刊、旬刊、半月刊、月刊、双月刊、季刊、半年刊等，但其都是按照固定的时间节奏出版。因此，存在较强的规律性，而图书的出版时间则存在多种不定性，其对出版时间一般不会有明确的要求。

4. 一次性

期刊在出版之后一般不会再次重印，更不会再版，但会根据杂志社的规划结集出版，如年度合订本、精选本等；而图书的内容有效期相对较长，在其生命周期中会有多次重印或再版的机会。

5. 定向性

期刊作为专业性出版物，其受众群体较为固定和明确。因此，其发行手段多是采取预订的定向发行方式，并由此获得长期的稳定读者群体；而图书由于多采用市场化销售手段，每种图书的受众对象不同，其读者群体分布较为广泛且不确定。

另外，由于期刊面向固定受众采取定向发行的方式，其发行量与印刷量都能够预判，也可以充分利用其传播价值，发挥其广告功能，并与顾客群相契合的广告商洽谈合作，提高期刊的经济效益；而图书则几乎不刊登广告，内容相对纯粹，即便出现广告插页，其传播效果与价值，很难比得上期刊。基于以上对于期刊的介绍，从期刊的不同角度和特征，对期刊给出了较完善的解读。

第二节　期刊的出版

一、出版期刊的条件

出版期刊必须具备的条件，除了共同的如要有期刊编辑人员和财力、物力等外，不同时代、不同国家各有其不同的要求。根据我国新闻出版总署 2005 年 9 月 20 日公布的《期刊出版管理规定》，现今在我国出版公开发行的正式期刊，应当具备下列条件：

（一）有确定的、不与已有期刊重复的名称；

（二）有期刊出版单位的名称、章程；

（三）有符合新闻出版总署认定条件的主管、主办单位；

（四）有确定的期刊出版业务范围；

（五）有 30 万元以上的注册资本；

（六）有适应期刊出版活动需要的组织机构和符合国家规定资格条件的编辑专业人员；

（七）有与主办单位在同一行政区域的固定的工作场所；

（八）有确定的法定代表人或者主要负责人，该法定代表人或者主要负责人必须是在境内长久居住的中国公民；

（九）法律、行政法规规定的其他条件。

办刊宗旨涉及的是期刊方向问题。

首先要求不能违宪，宪法是国家根本大法，是每一个公民都必须遵守的，期刊的办刊宗旨应该符合宪法的规定而不得违反，这是首先应明确的问题。

其次要求办刊宗旨必须是为社会主义精神文明和物质文明建设服务的。这是由于坚持为人民服务、为社会主义服务是我国出版事业的根本方针，期刊为社会主义精神文明和物质文明建设服务就是为人民服务、为社会主义服务的具体化。

编辑方针的明确和期刊的专业范围是密切联系的。编辑方针要受专业范围的约束。之所以还要有确定的主办单位，是因为期刊的出版是社会主义事业的一部分。主办单位领导监督期刊编辑部，决定编辑部的组织，并任免其负责人。

规定要有切实担负领导责任的上级主管部门是为了加强领导，便于管理。主管部门是期刊主办单位的直接上级，在中央是部级以上单位，在地方是厅（局）级以上单位。主管部门对其主管的期刊和主办单位有监督其方向、方针的贯彻执行，检查、指导其工作的责任。

健全的编辑部和专职主编、编辑，是办好期刊必备的人力条件。编辑部一般是由主编（副主编）、编辑组成的，编辑部组织的健全包括人员配备、人员素质、规章制度的健全等方面。有的期刊还建立有编委会，以领导或指导编辑部的工作。

必需的资金、固定的办公场所、承印单位等，是期刊物力条件的几个不可或缺的方面。和人力一样，同是一切期刊所必备的条件。没有必需的资金，期刊的编辑、印刷、发行等工作都难以进行；没有固定的办公场所难以建立正常工作秩序；没有固定的承印单位则无法保证期刊按时出版，也难以保证印制质量的稳定。

《期刊管理暂行规定》的这五项出版期刊的条件，是针对当前我国的具体情况制定的。

二、期刊的审批与登记

按照《期刊出版管理规定》，符合出版条件的正式期刊，在出刊之前，还应经过申请、批准出版、进行登记、领取登记证。

我国的期刊管理采用的是系统分口管理与新闻出版行政部门管理相结合的办法。中央和国务院各部委、各直属机构、各民主党派、人民团体和地方各系统对自己及所属单位办的刊物分别进行管理；各期刊还应接受新闻出版行政管理部门的指导和管理。要出版期刊，必须先提出申请书，填报规定内容，经主管部门审核后，中央部门的社会科学期刊报新闻出版总署审批，自然科学、技术类期刊报国家科委核准，报新闻出版总署备案。地方单位的社会科学期刊由主管部门向省级新闻出版局提出申请，按照规定核批并报备案；自然科学、技术类期刊由主管部门向省级科委和新闻出版局提出申请，由省级科委、新闻出版局按照规定共同核批并报备案。

按上述程序经过批准的期刊，还要在批准 3 个月内办理期刊登记。由主办单位持批准文件，填报申请登记表，向期刊编辑部所在地的省级新闻出版局申请办理登记。经审核后，发给编有"中国标准连续出版物号"的"报刊登记证"。期刊在取得"报刊登记证"后，还可持登记证向国际连续出版物数据系统中国国家中心申请国际标准连续出版物号。

期刊停刊时，需由办刊单位持主管部门的证明，向期刊登记机关办理注销登记，交还"报刊登记证"。

期刊在进行登记后，半年内不出刊或无故停刊半年的，将被注销登记，不得继续出版。

出版的期刊，按规定还必须在封底或目录页上刊载版本记录。其内容包括主办单位、出版单位、印刷单位、发行单位、出版日期、主编姓名、发行范围、定价、中国标准连续出版物号（领有国际标准连续出版物号的期刊，还应标明国际标准连续出版物号），刊登广告的期刊还要刊载广告经营许可证编号。封面上应刊载期刊名称和年、月、卷、期以及条码。

三、期刊的刊号

期刊的刊号是表明该期刊是公开发行的正式期刊的重要标志。前面说过，每一种正式期刊，在所取得的登记证上，都载有它所分配到的一个"中国标准连续出版物号"。

"中国标准连续出版物号"是从 1987 年开始使用的。它由国别代码、期刊登记号、分类号三个部分组合而成。国别代码为"CN"两个字母。它是《世界各国和地区名称代码》规定的中国国别代码。我国所有期刊刊号的这部分都是相同的。

期刊登记号由两组数码组成，两组数码之间以"—"相衔接，前一组由两个数码组成，成为地区代码，后一组由四个数码组成，是期刊的登记编号。分类号由一至两个字母构成，以斜线"/"与期刊登记号隔开。它是《中国图书馆图书分类法》的大类或二级类目的代号，如 P 为天文学、地球科学类，TL 为原子能技术类等。

例如：《新华文摘》月刊的"中国标准连续出版物号"为：CN11—1187/Z。

第一部分 CN 是国别代码。第二部分 11—1187 前一组数码 11 为北京代码，表明该刊是在北京出版的；后一组数码 1187 是该刊的登记编号。第三部分，即斜线后的 Z 说明是综合类。

期刊在取得"报刊登记证"后，还可持登记证向国际连续出版物数据系统中国国家中心申请国际标准连续出版物号。

国际标准刊号又称国际标准连续出版物号，都是译自其英文名称 International Standard Serial Numbering 缩写就是 ISSN。国际标准连续出版物号由国际标准刊号标识和刊号两部分组成。第一部分标识即为国际标准连续出版物号英文名称缩写的 ISSN 四个字母；第二部分是由 8 个数码组成。这 8 个数码中，前 7 个数码是期刊的序号，后一个数码是校检号，用来校检期刊序号是否书写打印有误。这 8 个数码分作前四后四两段，两段之间以"—"隔开。

例如：《新华文摘》月刊的"国际标准连续出版物号"为：ISSN 1001—6651。

其中第一部分 ISSN 为国国际标准连续出版物号标识，第二部分 1001—6651 这 8 个数码，前 7 个数码 1001—665 是《新华文摘》的序号，后一个数码 1 是校检号。

按照规定，ISSN 应该用显明字号印于期刊每期的显明位置，例如，封面、封底、版权页等处。"中国标准连续出版物号"由"中国标准连续出版物号"和"国际标准刊号"两部分组成，用"—"隔开。横线之上是"国际标准连续出版物号"，横线之下是"中国标准连续出版物号"，两者组成一个完整的"中国标准连续出版物号"。

例如：《新华文摘》的"中国标准连续出版物号"是：CN11—1187/Z。

"国际标准连续出版物号"是：ISSN1001—6651，其"中国标准连续出版物号"就是：ISSN1001—6651、CN11—1187/Z。

按规定，"中国标准连续出版物号"应印于期刊每期固定的明显位置、版权页上。20 世纪 40 年代产生的条码，已为各种商品普遍采用。时至今日，如无条码的商品，就难以进入国际市场。现在通用的是 EAN 条码。1983 年，ISDS—国际连续出版物数据系统国际中心与 EAN 签署协议，从而为"国际标准刊号"（亦即国际标准连续出版物号）ISSN 开辟了使用条码之道。

ISSN/EAN 条码的前缀为 977。其结构顺序如下：

EAN 期刊标识：977。

ISSN 号：除去其 8 位数码中最后一数码校检号，即 8 位数的前 7 位数码为 ISSN 号。

顺序变化位：两位数字。

校检号：由以上 12 位数字计算而成。

附加码：两位数字，以之识别刊期。

条码正是以"国际标准刊号"为基础的。西方国家的期刊，早已普遍使用条码 ISSN/EAN。我国也已从 1994 年起普遍采用。

第二章　期刊编辑的职责

第一节　期刊编辑的工作特点

期刊编辑的工作特点与其他出版物编辑的工作特点存在一些不同之处，期刊编辑的工作特点与学术期刊自身特征密切相关，且随着学术期刊特征而形成并完善，总体来看，学术期刊编辑工作主要有三大特点。

一、主体性策略

无论是哪种出版物，均需要编辑具有足够的策划能力，对于学术期刊这种极具影响力的出版物而言更是如此。与图书、报纸出版物相比，学术期刊编辑的主体性策划能力尤为重要，期刊编辑的主体性策划能力对学术期刊未来发展至关重要。期刊作为学术性较强的专业刊物，在创办之前就需要专业编辑人员的提前介入，并对刊物的定位与未来内容规划进行清晰的考量。在学术期刊创办之后，编辑人员需要围绕期刊的市场特色、内容特点、办刊宗旨、设计风格、基础形态、目标读者、发行范围诸方面充分利用自身的专业技能、办刊经验等，挖掘期刊的生命力与发展价值。此外，编辑团队还要立足学术期刊自身特色，坚持期刊的主体定位，从内容题材、表现角度、创作手法、内容层次等方面刊发作品，这样才能够使得期刊自身的特色长盛不衰，并在市场变迁中保持持续的生命力。

　　在学术期刊的运营策划过程中，很多编辑人员均认为，期刊只要拥有极具价值的学术性稿件就一定会提高期刊的价值与生命力。对于学术类期刊，拥有一定质量的稿件资源固然重要，但更重要的是，期刊的编辑团队是否有着极强的策划操盘能力，能否统筹利用各种资源提高期刊的价值含量，对此，学术期刊编辑要具有足够的主体思维。期刊行业有一句话，什么样的编辑，决定了什么样的期刊。这也侧面反映出了学术期刊编辑对于刊物的主体性策划作用。另外，期刊编辑所拥有的主体性策划功能并不能脱离期刊的实际情况，要符合期刊的整体发展方向与社会环境。期刊所面临的多种内外部环境均体现了学术期刊编辑在主体性策划过程中可能受到的影响，这为主创编辑团队提出了更高的工作要求。

　　初审工作的重点就是对稿件学术内容创新性的判断及评估。因此，编辑应凭借自己的专业知识不断提高学术水平，从而便于与专家沟通和交流。首先，编辑要仔细分析和研究审稿专家的意见，以提高对稿件的审读能力；其次，应密切关注期刊所涉及领域的相关学科动态，通过参加学术会议、关注相关网站和公众号等，以了解该学科在此领域方面的发展现状和研究热点，以便更好地把握学术稿件的创新性；再次，要积极参加各种继续教育培训学习，不断积累经验，以进一步提高对稿件创新性和科学性的把握；最后，需要特别注意的是，学术期刊是意识形态工作的前沿阵地，作为编辑，在进行专业工作的同时要时刻注意强化政治理论学习，坚守正确的政治方向。

　　编辑作为期刊的自我主体，要主动发挥创造性思维，以维护好与作者及审稿专家的关系。

　　首先，编辑工作中应积极主动与作者交流。处理退稿时应以人性化的态度告知作者，予以合理的解释与建议，做到"退稿不退人"；另外，应从编辑角度出发，努力发现有潜质的新作者，同时要积极联系审稿专家，将优秀作者吸纳为审稿专家，同时使他们愿意将高质量的稿件投到期刊。

其次，与审稿专家间应树立平等自信和真诚的对话，以赢得专家对期刊的信任，从而扩大审稿专家队伍。通过参加学术会议及已有专家的推荐，从而发现更多的优秀作者；对于初审稿件要严把学术质量关，从而将较高水平的稿件送专家审稿，以坚定审稿专家对学术期刊的信心；发挥平台优势，为审稿专家之间的学术交流与沟通提供可能；用好微信、QQ 等新媒体社交平台，拉近与审稿专家的情感距离。

学术期刊存在的社会价值就在于传播科学理念、交流学术思想、展示学术成果。因此，学术期刊编辑应自觉树立主体精神，充分意识到个人发展与学术期刊之间的关系，以强烈的文化使命感和社会责任感做好编辑工作的各个环节。这个意义上，初审编辑必须以更高的站位认真思考自己的工作对期刊的发展和建设带来的意义和价值；为了进一步提高初审工作的价值，以及存在的优势或不足等，编辑应发挥好主体能动性，找到"小我"与"大我"之间相互需要的关系。

二、结构性组配

学术期刊所具有的多元化特性也要求期刊编辑工作要能够进行结构性组配。这里的结构性组配，是一种资源整合的概念。通常期刊是由不同的作者、不同的内容、不同的作品共同集合而成，期刊内容中的不同作品之间相互独立而又相互衔接。期刊在不同的独立的内容方面，要通过合理的筹划实现内容的有机联系。由此可见，期刊编辑要投入巨大的精力来实现对学术期刊的多元化整合，通过对不同内容的有效萃取与利用实现期刊的整体价值与学术传播效应。

期刊编辑在内容处理过程中，要充分通过结构性组配工作，将不同篇的作品实现内容上的有机联系，并将其作为期刊内容上的不同结构板块进行合理编排。同时，期刊的出版发行具有一定的时效性，编辑要在内容规划上从整体视角对不同时间出版的内容进行适度区分，这也离不开编辑的整体性工作思维与统筹全局的能力。

学术期刊编辑在选定某一类稿件刊发时，要根据本期刊物即将刊登的稿件的内容特点与体裁形式进行分类，并划分成若干个版块，将不同的稿件放入指定的栏目，并在已设定的特定栏目中选配适合的稿件内容，才能够使刊物整体结构具有高度的一致性。

编辑编排稿件时，还需要基于期刊的市场定位与办刊宗旨，在内部设定不同的具有关联性的栏目，同时随着社会的发展，要根据读者群体的阅读习惯的变化，在刊物整体结构保持稳定的前提下，对内容结构适当的调整。这些基本稳定的栏目就体现了期刊的整体性与统一性，栏目结构的调整也体现了编辑对内容的有效组配。专业编辑人员的结构性组配工作，可以帮助期刊结构更加层次分明，并且能够体现期刊的系统化编辑特点。通过对学术期刊整体的结构性组配评估，可以准确判断出学术期刊编辑水平的高低。

在大型期刊的编辑工作中，由于其内容整体较为统一，并不存在明显的结构性组配工作，只有工具书、丛书等系列书籍才会有结构性组配要求，并且是由编辑与作者等共同完成。因此对于期刊编辑人员来说，结构性组配工作是具有普遍性的，每一名编辑都要参与其中，而作者在这一工作环节则不必参与。

三、时效性要求

期刊编辑工作具有极强的时效性要求，这种要求主要有两大体现。

1. 期刊编辑的内容策划需要与社会发展水平相适应

社会条件随着生产力水平的进步也是不断变化的，所以，编辑在进行期刊内容编辑与稿件组织策划时，需要充分考虑社会环境的变化特点。

从整体上考虑，编辑需要在确保刊物的宗旨与基本性质不变的基础上，通过内容的规划与结构的调整有效反映时代的进步与经济的发展，将社会精神文明创建成果与经济社会发展成果及时在期刊内容中呈现，以满足读者群体与时俱进的精神文化需求。

从具体工作考虑，编辑人员在内容稿件的组配上需要有前瞻性视野。因为，期刊具有一定的生产加工周期，在刊物的发行之前还有编辑的校改及印制过程，作者的完稿时间与正式作品的见刊时间是不同步的，但如果想让读者对稿件具有新鲜感，则需要编辑能够准确把握社会生活变化的特点，及时掌握读者群体的阅读习惯变化，确保期刊的策划、组稿、编辑与发稿都有一定的提前时段，在具体发行时能够有效满足客户群体的需求。

对于一些新闻传播类学术期刊，内容策划上则需要进一步紧追社会热点，编辑人员需要及时组织开展对相关热点的采访与内容搜集，并对社会事件展开持续性的追踪和分析，以此提高此类学术期刊的时效价值。

2. 期刊编辑工作安排要有一定的周期性考量

期刊不同于图书的单次出版发行，期刊是连续出版物。因此，期刊编辑具有明显的工作周期，此工作周期是与期刊出版刊期相一致的，在此工作周期内，期刊编辑需要完成所有的工作流程，确保期刊如期出版发行。

此外，期刊编辑人员需要提前根据刊期来设定年度的具体工作周期。如月刊，每年共 12 个周期，在每个周期内，根据出版物编辑出版发行流程的相关要求，将策划选题、组稿、审稿、编辑加工、审核发稿、校样、印制发行等不同工作时段进行节点控制，以此确保相关工作能够顺利落实。

经验丰富的编辑一般会将期刊工作周期内不同阶段的时间安排中设置一定量的机动时间，以便刊物内容策划与组稿过程中出现偶发性问题后，工作人员能够及时介入，推动稿件的顺利组织与编辑。机动时间的处置也能够给编辑人员留有足够的时间来应对期刊编辑过程中的一些突发性事件，进而能够确保每期杂志能够按照既定时间出版发行。

第二节　期刊的内容策划

期刊的内容策划，包含栏目设计、专题策划与作品组配，通过有效的期刊内容策划，能极大提高期刊的价值属性与生命力。

一、栏目设计

期刊栏目，是根据办刊宗旨设置的一个有一定提示性、概括性的板块，且内容或表现形式方面具有一定的特色。

栏目并非是期刊所特有的板块名称，也绝非期刊必须要有栏目。但是在通常情况下，期刊内都设置不同的栏目，学术期刊对栏目这一功能模块的广泛使用也与栏目自身的功能密不可分。

首先，栏目的设置可以帮助期刊的内容结构更加清晰，进而增强读者的阅读体验，使读者对期刊内容一目了然；其次，栏目的设置可以将每一篇单独存在的稿件产生形式上的外部联系，进而有利于塑造期刊的整体风格。此外，期刊通过特色化栏目的设置，可打造为期刊自身的特色标签，为编辑提供智慧展示的空间，从而有效吸引读者的关注度。

　　在传统的期刊运营中，栏目一般是由编辑设置的，也是编辑团队集体智慧的产物。在通常情况下，期刊创立的新栏目均需要经过编辑委员会批准确认才能够投入到实施阶段。

　　编辑在设计栏目时需要考虑以下几个方面。

　　首先，就是符合期刊办刊宗旨，体现刊物内容特色。栏目的设计绝不能脱离刊物自身而存在，编辑应遵从期刊宗旨与内容特性，以此为基础通过栏目的设定来实现期刊内容板块的最佳组合。对于那些新创办的期刊，栏目就是组成刊物的基本构件，因此可以通过栏目设计来呈现期刊的整体特色；而对于现有刊物，栏目的设计是基于整体需要对出版方针进行贯彻执行，并更好地服务于办刊宗旨与杂志风格。

　　其次，是通过栏目组合与点面结合，让期刊栏目结构更加合理，也更能够符合读者群体的阅读习惯。栏目的设置并不是编辑的一言堂，而是要根据办刊目的与市场定位、读者需求设置，综合展现期刊的宗旨与性质，栏目框架与板块划分固定栏目与非固定栏目，栏目版面分配与板块内容划定均须实现良好的组合，从而构成期刊栏目框架体系。

　　不同类型的期刊栏目数量存在明显区别，有的期刊包含 30 多个栏目，最少的也有五六个栏目。期刊的栏目数量不是衡量期刊质量的准绳，期刊的栏目设置数量，要根据期刊性质与读者阅读习惯来考虑；栏目设置过多，会显得期刊内容结构松散，栏目设置过少，则会显得期刊结构较僵化，阅读起来较单调。因此栏目设置的多少，需要编辑人员进行系统评估，综合考虑后设定。

　　栏目的设置不能一概而言，对于不同的栏目要有不同的侧重点，编辑人员需要根据期刊宗旨与内容特色，抓好重点栏目，提高期刊质量水平。

　　另外，期刊栏目的设置要实现稳定性与创新性的统一。对期刊栏目，不能长时间的一成不变，也不能经常性变动，要保持结构的基本稳定，同时新开栏目要满足读者阅读新需求。对于新栏目设置，内容一定是首要的，新栏目的设置一定要有足够量的稿件资源来支持，否则，期刊将面临严重的发展难题。

最后，栏目的名称要尽可能简明，贴近办刊宗旨。读者在看到期刊栏目的时候，能够瞬间被栏目名称所吸引，又能马上根据栏目名称理解该栏目中所涵盖的内容类型。这种栏目的指示性，帮助作者在创作过程中更有效地把控内容方向，更能够贴近办刊宗旨。除了栏目名称外，栏目的内容设计也要与期刊的整体内容结构与风格类型相契合，在实现栏目内容新颖的同时，又不会在期刊整体内容中显得过分突兀。对于行业类那些优秀的栏目，均已经成为所在刊物的亮点，博取了广大读者的关注度。

二、专题策划

学术期刊的专题策划，是突出刊物特色、传播学术水平的重要手段之一。所谓专题策划，就是围绕某一主题或某个专业热点问题每期连续推出一组文章。专题策划的设立有利于增强期刊的内容深度，吸引质量更优质的稿源。如今，在新媒体时代下，学术期刊面临新的机遇和挑战。借助新媒体，学术期刊的专题策划与传统方式融合，才更有利于提高学术期刊的质量和学术水平。

如何选题策划是学术期刊生存和发展的重要方向，优质的选题策划可为学术期刊带来高质量的稿源。面对众多的同类刊物，学术期刊要独具特色、脱颖而出并非易事。除了固定的栏目外，有特色的专题策划是学术期刊生存和发展的前提。因此，选题策划从调查、搜集、制订到实施均体现出编辑的专业能力与水平，是确保刊物质量的重要保障。

　　选题策划的重要性不言而喻，对于提高期刊的质量至关重要。选题策划是优化稿源的有力助推手段之一，而学术期刊传统的栏目设置缺乏代表宗旨的特色，无法推进刊物的有利发展。而自投稿质量相对较低，且作者在投稿时更倾向于投至核心期刊。因此，普通的学术期刊如何吸引高质量的稿件就成为选题策划的重要工作之一。同时，无论普通期刊还是核心期刊，众所周知自由来稿无法研究热点问题或重大课题，不利于学术期刊质量的提高。但是如果进行有效的专题策划及有针对性地约稿组稿，集中深入的研究社会问题或专业问题，就有利于形成期刊自己的特色，可以吸引对该专题有兴趣的读者、专家、作者，获得到更多的优质稿源，而且在一定时期内连续推出某类专题文章会吸引相关研究人员对刊物予以关注，再到主动投来优秀文章，从而形成良性循环。

　　专题策划的信息搜集和专题策划均需要期刊编辑根据刊物的办刊宗旨和特点，从大量的资源中搜集相关信息，或编辑人员自身具备一定的专业素质及敏感性，从中挖掘有价值的话题。数字化时代使专题策划的第一步"搜集信息"变得不受时空局限，能够掌握更多资源，从而有利于策划。此外利用互联网的数据库，编辑人员通过检索学术信息、已刊发的文章等查找当前的学术动态发展情况，以及相关专家的信息，为选题策划的内容打下初步的基础。通过知网、万方、超星等相关的数据库，进行学术热点搜索、学术研究成果对比，从而分析出有价值的内容。

　　新媒体时代下，也可结合传统的选题策划方式进行。策划编辑应经常参加学术会议，在学术交流的现场挖掘有意义的选题策划内容。会议结束后，通过走访参会人员，从而对研究的内容深入探讨而形成专栏文章。关注国家自然科学基金和省部级基金项目也是重要的专题策划方法之一。同时编辑还应经常关注同类刊物的栏目，通过与自己所在期刊的栏目进行对比，从而在其中获得收获。在新媒体时代下，文献的搜索、信息的获取等便捷、迅速，从而使专题策划中信息的搜索简便易得。

通过搜索的信息可挖掘或提炼出选题的类型和方向，策划编辑可根据专题的方向从而确定具体内容。同时策划编辑应根据本刊实际情况及自身特点或资源等情况，从自身优势出发制定切实可行的选题内容。

由于学术期刊情况不同，本章仅对专题内容策划的大致方法和要求进行简要分析。从选题策划的要求看，一是要与专题内容吻合，又要与其他栏目不同，且新颖有特色，还能体现办刊宗旨，强化办刊特色。二是确定专题内容时，要对收到的稿件进行前期规划，专题策划不仅指内容策划，还包括文章内容的策划。总体即根据文章内容将长短和内容不同的稿件组合到一个栏目。专题策划的文章内容虽然相对一致，但长短不同，风格不一，编辑不要随便安排这些文章。专题策划除了有好的选题外，专题名称、内容搭配也是重要的内容之一。

因此，优秀的期刊编辑要借助专家的号召力和学术影响力争取更多、更优质的稿件。在出版时，可以邀请专家作为特邀编委。因为不少专家身处科研第一线，能够把握该专题领域的前沿技术和学术动态，同时，与该领域内其他专家沟通，甚至组稿约稿，还能进一步保证稿件的质量。除了专家效应外，广大青年学术骨干的学术影响力也不容忽视，其具有极强的学术活力和创新能力。

从约稿到见刊的策划始终，编辑要认真对待并尊重作者的学术成果，以便与作者建立良好的关系。同时处理稿件时要及时反馈稿件情况。专题策划在实施过程中除了约稿、组稿、出刊等，还要注意保持其连续性和稳定性。另外，一旦出现缺稿，也不能间隔刊发时间过长。

三、作品组配

作品组配，是指编辑人员根据学术期刊内容结构的相关要求，为每期刊物选取各类稿件作品将其组配成一期内容出版发行。编辑人员在作品组配时要注意以下几方面。

1. 作品内容要突出重点

对于学术期刊，每一期刊物均拥有多种栏目，不同的栏目之间作品在内容上有所区别。编辑人员均希望能够让每一个栏目都各具特色，每一篇内容均能够精彩纷呈，但实际上很难达到这一要求。所以，期刊编辑在栏目规划上要注意把握重点，在同期刊物内容组配时也要有针对性的侧重点。在期刊运营过程中，除了确保每期都有重点栏目或特色栏目之外，在内容上也要确保每一期都有几篇"拳头"作品。

2. 注重栏目结构的合理布局

期刊设置多种栏目类型，编辑人员在凸显重点栏目的同时，还需要兼顾一般栏目，优化一般栏目与重点栏目的布局结构，形成有效的阅读面。一般栏目可以根据来稿情况，在不同期的杂志中轮流出现，重点栏目则需要持续性的存在，并根据不同时期读者感兴趣的内容组配稿件，以充分满足读者的阅读需求。

期刊结构布局的合理性并不仅限于栏目设置的合理上，还包含了不同篇幅的分布是否合理。从期刊整体内容来看，要做到不同篇幅作品的兼顾，让读者在阅读期刊时，有一种阅读的节奏感，让不同稿件调动读者不同的情绪，从而提高其阅读舒适度。另外，篇幅的调配还能帮助期刊版面的优化设计，不同篇幅的内容的组配能够使得栏目版面呈现错落有致的布局，进而帮助读者有效阅读。

3. 控制内容总量

对于文字类稿件，其篇幅大小具有较大的弹性，但是期刊作为一种特殊的专业出版物，其版面数固定，即在某一时间段内，该期刊物的开本大小与页面篇幅都保持着相对的稳定性。

根据期刊的这种特点，编辑人员在进行每一期稿件的组配时，需要从两个层面实现对入选稿件总量的控制。

（1）要控制稿件的总字数。编辑人员在组稿的过程中，一般要先测算拟入选稿件的字数，如果稿件中带有插图，则需要将图片所占据的版面大小折算成相应篇幅的文字，以便于统计字符总数。在测算期刊总字数时，一般需要通过两轮的测算来对总字符进行控制。第一轮测算是在稿件组配结束时，须测算确定当期拟发稿件目录；第二轮是在拟发稿件加工整理完毕进行排版前测算。通常在第一轮测算时，编辑人员一般可调整稿件的总字数适当多一些，以便于后期加工整理过程中的删减；而在后一轮测算时，则需要稿件的总字符尽可能接近固定版面字数，以此来避免校改过程中内容增减量过大。

（2）控制稿件总篇数。当期刊物中刊登的不同作品的篇幅需要大致相近，并允许在相应范围内上下浮动。如果当期刊物中作品的篇数过少，则会使得期刊内容不丰富，无法体现期刊深厚的价值内涵；而当期刊中作品篇数过多时，又会显得刊物内容杂乱，不利于期刊整体形象的统一。同时，编辑对稿件总篇数的控制还要基于不同稿件的篇幅，尽可能不让不同期的稿件篇数相差过大，以此来实现期刊内容的同一性与连续性。

4. 确保是一个有机整体

每一期的内容都是整个期刊的重要组成部分。期刊在开展稿件组配时，需要根据期刊的整体定位，实现不同期内容的衔接，不能够出现当期内容前后矛盾的现象，确保是一个有机的整体。

第三节　期刊的稿件审读

期刊的审稿与图书的审稿相比有相似之处，同时也有一定的差别。其相似之处为审稿的基本要求大致一样，而差别于期刊存在自身的特点。因此，审稿过程具有一定的特殊性。学术期刊审稿特点主要有五大特点。

一、符合学术期刊的学术定位与宗旨

期刊编辑需要立足于期刊自身的宗旨与特色，以维护期刊自身特色与形象为根本，坚持从期刊自身条件出发，按照期刊既定的审稿规范与稿件内容要求，对稿件进行审查，严禁降低标准，对不符合期刊宗旨与性质的稿件，哪怕内容质量再高，也不能放任出版，以免损害期刊整体形象。期刊整体形象是编辑需要考虑的大局，某稿件是否能最终采用，必须坚持大局，不能就稿论稿。

二、把握栏目风格

期刊编辑在审稿的过程中，要根据期刊中不同栏目的风格对相应的内容审读。期刊的不同栏目存在着相互独立而又相互连接的关系，不同栏目各具特色，但又相互交织，共同构成了期刊多姿多彩的风貌。同时，不同栏目内容具有一定的同一性，每一篇的内容在主题上存在着相互的联系，在风格上又保持着一致性。

第三章　期刊的性质与种类

第一节　期刊的性质

一、期刊的本质是精神产品

期刊与一般商品根本不同的原因，在于期刊并非和一般商品一样仅仅是物质产品，同时还是精神产品。使它能在流通领域交换的，主要是它作为精神产品的性质决定的，而不是它作为物质产品的性质决定的。所以，期刊具有精神产品与物质产品的双重性，而且，这种双重性既不是二者等量齐观的，更不是物质产品的性质是首要的，而精神产品的性质才是最重要的，才是期刊决定性的本质。

期刊的物质产品形式，只是作为期刊精神产品的载体而出现的，倘若没有了精神产品的内容，印的只是些乱七八糟的文字，那徒有期刊形式的期刊就只是一本废纸，也无法在流通领域里交换。反过来，精神内容也不能没有物质形式的载体使之物化，否则也不称其为期刊。所以，期刊具有二重性质，既是精神产品，又是物质产品。期刊的精神产品性质，可说是期刊的灵魂，期刊的物质产品性质，可说是期刊的肉体。

二、面向公众的传播媒介

期刊是精神产品的本质，决定期刊作为传播媒介的性质。人类社会的形成，人际交往的频繁，产生了种种信息传播交流的工具：从图画到语言、文字，到印刷术的发明，尤为书籍、报纸、期刊等的出现创造了条件。现代传播媒介利用的手段，主要归纳为以下三种。

一是语言手段。语言手段是基本的传播手段，至为重要。其作用范围也十分宽广。语言是随着社会的产生而产生，随着社会的发展而发展的。文字就是在语言的基础上产生的，是语言的记录符号和延伸。

二是非语言手段。包括信号、标志、符号等。信号，如马路上的红绿灯，是行止的信号；如抗日战争时期鸣短笛是空袭警报的信号，鸣长笛是解除警报的信号。标志，如公路上的路标，商店的招牌、幌子等。符号，如乐谱上的音符等。

三是语言手段与非语言手段相结合。这是指同时兼用语言手段与非语言手段两种手段。如电影、电视。各种传播手段都要通过传播渠道进行传播，传播渠道主要有三个层次：一是人际传播，亦即个人与个人之间的信息交流。二是中介传播，指团体之间或团体中个人之间的传播。通过通信、电话、电报等媒介传播，都属于中介传播。三是公众传播，指利用印刷、电传等方式向公众进行传播。期刊是一种利用文字手段的传播媒介，一种利用文字手段进行公众传播的传播媒介。

作为一种向公众传播的传播媒介，期刊也具有公众传播共有的一些特征。这主要就是：

（1）传播者不是个人而是群体，是拥有一批作者的期刊编辑部；

（2）传播的信息是面向公众的；

（3）传播的对象是确定的群体、阶层。但具体的对象个体又是不确定的，有可变性的；

（4）传播信息的范围广，具有时间性。但相对说来，信息反馈则较缓慢；

（5）要通过印刷等手段大量复制或通过电子器材来进行传播。

这些特征，确定了公众传播不同于其他两种传播的性质，也确定了期刊作为传播媒介的性质。

三、知识库、思想库

期刊在英文中通常称之为 Magazine，而 Magazine 在用以称期刊、杂志之前，已先有"知识库"的释义，是从"知识库"的意义引申出来的。

为什么从"知识库"能引申出期刊、杂志的含义呢？因为期刊、杂志是一座知识库。期刊和书籍不一样，内容不是单一的而是多方面的，可以兼容多方面的知识，储备、传授多方面的知识，称得上是博大精深，为其他传播手段之所不及。

1. 期刊具有知识库的性质

就是具有信息库的性质。期刊是传播各种知识的手段，也是传播各种信息的手段。从报纸、广播、电视等传播媒介获取的信息，只是浅表性的"大众信息"，如果要进一步获得更深层的、更系统的、更高级的信息，那就有赖于期刊了。期刊就是这种信息的信息库。各种科学技术的新成就，往往都是通过期刊来传播的。

2. 期刊还是一座思想库

期刊是传播各种新思想的有力手段，不仅是人们汲取新思想的源泉，还是交流新思想的渠道，培育新思想的沃壤。许许多多新的思想、光辉的思想，往往都是首先从期刊上传播出来的。人们从这些新思想中汲取营养，加以生发、深化，通过期刊交流，又促成更新的思想产生。在这个过程中，期刊始终是作为母体而存在的。

3. 期刊是一座文化库

它储藏、积累各种文化成果。一方面梳理固有的文化成果，作为对今人、后人的养料；一方面又在固有的文化积层上不断增补新的成就，发扬光大，推陈出新。期刊不仅起传播文化的作用，也起更新文化、积累文化的作用。

我们说期刊是知识库、信息库、思想库、文化库时，已经不知不觉涉及期刊的社会功能了。从根本上来说，不仅是功能，还是期刊固有的性质。正是由于期刊具有知识库、信息库、思想库、文化库的性质，才由此而产生其功能。

第二节　期刊的社会功能

一、期刊与社会

各种出版物都是社会历史文化发展的产物。人类社会历史文化发展到一定阶段，才会有出版物出现。有了出版物后，出版物的形式和内容，也仍然是随着社会历史文化的发展而不断发展的，同时又辩证地反作用于社会，促进社会历史文化的发展。作为出版物之一的期刊，也是这样。

可见，期刊与社会是不能分离的。期刊产生于社会发展中而又反作用于社会、促进社会的发展。

期刊的主要社会功能可以归纳为下述四点：（1）信息功能；（2）宣传功能；（3）教育功能；（4）文娱功能。

二、信息功能与宣传功能

如前所述，期刊是一种传播手段。这种传播手段所传播的内容，首先就是各种各样的信息，向社会公众传播各种各样的信息。这就说明：期刊具有传播信息的社会功能。

信息量是随着社会的发展而越来越丰富的。到了今天，人们进入了信息时代。信息的空前丰富，使期刊的信息功能也越来越发达，越来越具有重要性。

在期刊、报纸、书籍三种主要出版形式中，信息功能最发达、最充分的要数期刊了。信息是有时间性的，在迅速传播信息方面，期刊显然优于书籍。报纸的时效性虽然优于期刊，但在信息的充分性与完整性方面，又不如期刊。一般说，报纸传播的信息是比较原始的，因而也是比较粗糙的，而期刊传播的信息，则往往是经过一定延伸、凝练、增生的，是经过条分缕析、加工整理的，是更具有充分性和完整性的。只有期刊才兼具有时效、充分、完整的信息功能。

无论是社会科学中的新思想、新观点、新发现，还是自然科学中的新发现、新发明、新技术、新学说，多是最先由期刊传播出来，原因就在于此。

各种各样的知识是构成信息的支柱。知识的增殖，速度愈来愈快。期刊传播某种思想，也就是在宣传某种思想。传播本身就寓有宣传的意义在内。

思想、文化是社会意识形态。作为社会意识形态的思想、文化，是一定社会的政治和经济的反映，又反作用于社会的政治和经济。中国的期刊，在各个时期绝大多数都是在宣传新思想、新文化的，对中国的社会发展起促进作用，发挥了积极的文化宣传功能。

期刊不仅是传播思想、传播知识的重要手段，还是积累文化的重要手段。文化的发展，是具有连续性的历史过程，是在传统的基础上不断创造的。它在创造中积累，在积累中创造。作为连续性出版物的期刊，它在积累文化方面的文化宣传功能，同样也是不能忽视的。

三、教育功能与文娱功能

　　教育是各个方面的。宣传功能在宣传的同时，也是在教育。因而宣传功能也涉及了教育功能。只不过上述的宣传功能着重指的是文化、思想宣传的功能，而这里所说教育功能则着重指的是德育、智育、美育等方面的教育功能，侧重点有异。

　　期刊在德育方面的教育功能是最基本的一项功能。不同社会有不同的道德要求。

　　期刊在智育方面的教育功能是很重要的，期刊传播思想、传播知识以及积累文化，都是在发挥它的智育教育功能。传播知识是在直接进行智育教育。期刊的传播知识，最突出的特点在于其知识之新。前文已说过，各种新思想、新知识、新发明、新技术差不多都是首先由期刊加以传播的。期刊所以堪称"知识库"，正是期刊传播知识的智育教育功能的突出表现。

　　期刊同时也有美育方面的教育功能。所谓美育，通常指的是美感的教育，以培养、提高美的欣赏能力、创造能力，使人们不仅对艺术美具有鉴赏能力，同时也对自然美、社会生活美具有感受、欣赏的能力。这样，不但可以发展人们的艺术创造力，而且可以激发人们对美的事物的情感。因此，美育教育实际就不仅是美的欣赏能力的教育，还是鉴别美与丑的能力的教育；不仅是艺术美的创造能力的教育，还是美的行为能力的教育。

　　期刊的美育教育功能，不仅是认识方面的，也是实践方面的。在实践方面，它促使人们形之于外的行为举止趋于文明，也净化存乎于中的道德品质修养。从这个方面说，期刊的美育教育功能也是建设社会主义精神文明的一个组成部分。

文娱功能指的是文化娱乐功能。各种公众传播手段，都具有文娱功能。期刊与广播、电视、电影等传播手段相比较，信息功能、宣传功能、教育功能等是有过之而无不及；但文娱功能却不及它们。这种情况也说明，在公众传播手段中，期刊是属于较高层次的手段。

一般说，期刊的文娱功能偏重于文化方面而不是偏重在娱乐方面，亦即偏重在丰富人民群众文化生活方面的功能。但有些期刊，如影视画报之类，也有较大的娱乐功能，这也是不能否定的。当然，也有些期刊如政治性期刊、学术性期刊之类的严肃期刊，其文娱功能只有文化方面的而没有娱乐方面的。但是，对于文学艺术期刊而言，就不应该只有文化方面而无娱乐方面的功能。文学艺术不仅具有教育作用，同时也还具有美学作用、欣赏作用及娱乐作用。

第三节　期刊的种类

一、从形式分类

从期刊的形式来划分期刊的不同类型，是着眼于期刊之"表"，着眼于期刊外在的共性来分类。这种分类法的着眼点一般难以涉及期刊的本质，使同一类期刊只有形式的共性，而内容、本质也许相去甚远。所以，一般说，从期刊形式进行的分类，只能说是初级的分类法。但是，它虽较初级，却往往能抓住人人易见的共性，分起类来比较方便，不仅具有统计价值，而且对研究期刊并非是毫无价值的。

形式并不是孤立的、完全脱离内容的形式，形式往往是由内容决定的。故而从期刊形式进行分类虽比较初级，却仍有其必要性。

从形式分类也有多种多样的方法。其中主要的、常用的有以下三种。

（一）按刊型分类

这种分类法，主要着眼于期刊的篇幅。一般分为大型期刊、中型期刊和小型期刊三种。大型期刊，指的是篇幅较多的期刊；中型期刊、小型期刊，在口头或文字上不如大型期刊之常见，但实际是存在的，因其篇幅是中等程度或是较少，而分为中型或小型。

篇幅的多、中、少，并无明确界限，并未明确以多少页码来划分。但却有个不成文的共识标准。例如人们称《当代》《十月》《收获》这样的刊物为大型文艺刊物，而不称《人民文学》等为大型文艺刊物，也就是说《人民文学》算是中型文艺刊物。而《故事会》等，就只能算是小型刊物。大型、中型、小型期刊之称并不表明大型期刊是高质量期刊，小型期刊是低质量期刊。

（二）按开本分类

这是着眼于期刊开本大小而分的。按中国常用开本，一般分为大 16 开本、16 开本、大 32 开本、32 开本等。这种分类法较之按刊型分，就明确得多了。值得注意的是，按开本分类与按刊型分类，常常是有连带关系的。这是由于开本和刊型往往是相互呼应的。

在中国，大型期刊一般都采用大开本，如 16 开本，而几乎没有采用如 32 开那样小开本的。而小型期刊则往往采用 32 开本而较少采用 16 开本或更大开本的。这不只是出于习惯，也有其内在依据。

可见，开本大小和刊型大小虽只是形式问题，但却要由内容决定，与内容关系密切。理论、学术性期刊及以刊登中篇小说为主的期刊，为什么常常是大型、大开本而很少是小型、小开本的，通俗性期刊为什么常常是小型、小开本而很少是大型、大开本。由此，可略见一斑。

（三）按刊期分类

期刊是定期连续性出版物，其定期有长短之不同：有的一周出版一期，有的半月出版一期，有的一月出版一期，按刊期的长短不同，期刊就可分为季刊、双月刊、月刊、半月刊、周刊等，从刊期来分类只是就其刊期长短的共性着眼，但其意义却不仅能反映刊期长短这一点。

刊期的长短，一般说来，也正是这一期刊物最佳时效的期限：等新的一期出版后，上一期便成为过期刊物了。以刊期分类，实际也是以其最佳时效长短分类。因而，刊期到底定多长为好，决定因素——而且是最重要因素之一，便是期刊内容的需要。例如，时事性期刊，由于时事的时间性很强，刊期就不宜过长；学术性期刊相对于时事性期刊来说时间性不那么强，刊期就不必过短。

三、从内容分类

（一）按读者对象分类

期刊内容的不同，往往是根据不同的读者对象不同的需要决定的。相同的读者对象有相同的共性，需要相同的内容。

读者是个十分广泛的概念，每个读者又有其十分复杂的多重属性。读者对象这样的复合体，从其不同属性、不同方面等又可以作多种多样的分类。通常习用的也是比较重要的分类法，包括按性别分、年龄分、职业分等。这些不同的分类法本身又不是平行的，而互相之间具有交叉性。

按读者性别分类，由于人只有男性女性之分，这种分类法也就非常简单明了。其所以有这样分类的必要，是由于世界各国都有很多专供或者主要供妇女阅读的期刊。

　　按读者对象年龄分，过去主要是划分出青年期刊与少儿期刊，在中国及世界范围内都是这样。这大概是由于青少年代表着未来，是希望之所寄，所以重视而专为他们出版许多种期刊。当然，青少年正是求知、求学时期，有特殊需要，也是一个重要原因。

　　在青年期刊与少儿期刊之外，近些年来，我国又出现了不少以老年人为读者对象的期刊，如《中国老年》《老年天地》等，大有发展成为一类一族之势。这是与我国老年人增多，许多地方进入或将进入人口老龄化的趋势分不开的。

　　按读者对象职业分，有面向工人的期刊、面向农民的期刊、面向商业工作者的期刊、面向军人的期刊等。改革开放以来，中国又出现了不少面向企业家的期刊，大有后来者居上之势。但是，总的看来，面向工人的期刊不仅历史悠久，影响也较大。从世界范围看，这与工业的发展和世界工人运动的兴盛有相当密切的关系。

　　（二）按内容层次分类

　　这是一种常用的也较为重要的期刊分类法。不同内容层次的期刊适合不同层次的读者，因而这种分类法与读者对象——特别是读者对象的文化层次是相对应的。但又不能说是完全吻合，不能说是形二实一的。某一文化层次的读者不一定不阅读与其相对应层次外其他层次的期刊；某一层次的期刊也不一定只有相应文化层次的读者才读它。

　　按期刊内容层次分类通常分作高级性期刊、一般性期刊、通俗性期刊三类。

　　高级性期刊，往往也就是带有学术性的期刊，高级性期刊以高级知识分子、领导层读者为对象。国外称之为 Journal 的期刊，大多可以归入此类。从中国现在的期刊而言，像《哲学研究》《历史研究》《出版发行研究》《编辑学刊》《读书》等，似都可归入此类。

通俗性期刊就是普及性期刊，是面向大众的。像中国现在的《半月谈》《科学画报》《大众医药》等都可归入此类。西方划分通俗性期刊时，实际还包括了那些庸俗性期刊，如被称作为 Grossover Magazine 的时装、流行音乐、汽车等生活方面的通俗期刊。

一般性期刊指的是面向一般读者，内容既非高级的也非通俗的。也就是说，不属于高级性期刊也不属于通俗性期刊的，就都属于一般性期刊了。

（三）　按期刊内容的性质分类

首先是就其内容是综合性的还是专门性的性质而言。因此，可以分为综合性期刊和专门性期刊两种。综合性期刊和专门性期刊之分，是期刊一种重要的也是基本性的分类方法。它区别了两种性质不同的期刊。

期刊也称杂志，它的特性之一就是内容杂，也就是说内容是丰富多彩的，是多样性的统一体。它就像 Magazine 一词原义是有各种武器、弹药、炸药的军火库一样。因此，总是带有综合性的。综合性期刊与专门性期刊之分，也只是相对意义的，即专门性期刊之专，是相对于综合性期刊而言的。

自然科学类期刊，同样也有这种情况，它们是综合中有专门，专门中有综合，或者可称之为综合性专门期刊或者专门性综合期刊。但实际上，人们除了常用"综合性文艺期刊"之称外，并未使用综合性专门期刊或专门性综合期刊之称，仍然还是习惯于分成综合性期刊与专门性期刊两大类。

专门性期刊可以有各种各样的专。如前述按读者对象分类法，因性别、年龄、职业等不同针对专门读者对象出版的期刊等，也带有专的性质。这里所说的专是特指与综合性相对而言的内容的专。包括如专门刊载有关某一学科、某一门类、某种体裁、某个方面文章的期刊。专门性期刊中的专业性期刊，即某一专业、某一学科的期刊，占有很重要的位置。专业之中包括许多方面，学科之下还有分支学科，因而专业、学科范围也有大有小，因具体期刊而各有不同。

不但各种学科分支越来越细，而且新学科、交叉学科还在不断出现。因而专门性期刊的发展前途看来是相当广阔的。从世界各国的情况来看，专门性期刊也往往增加得更快。如前所说，拉丁美洲巴西的期刊，就大多是专门性的，而综合性的较少。

按期刊内容的性质分类，还可以根据科学的两大门类划分为自然科学期刊和社会科学期刊两大类。由于文学艺术期刊的数量往往较多，其自身已蔚为大观，也可以将文艺期刊专门划为一类，而分成为自然科学期刊、社会科学期刊、文艺期刊三大类，以至再加上人文科学期刊而成四大类。

此外，按期刊内容性质还可以分为理论学术性期刊、文化知识性期刊、文学艺术性期刊、文选文摘性期刊、生活娱乐性期刊等，这样按期刊内容的性质分类法，也是期刊的一种重要的、基本的分类方法。

第四章　期刊编辑的组织与管理

第一节　期刊社的组织架构与职能

世界上有众多期刊，每一本期刊从最初的选题策划到最终的出版发行，是一个复杂的过程，经过多个环节，涉及多个部门和人员的分工与合作。要掌握一本期刊的编辑制作流程，必须首先了解期刊社的内部组织结构及其人员分工情况，只有了解期刊社的组织架构，才能运营好一本期刊。

目前，我国期刊出版单位常见的运营模式大体上分为两种：一种是期刊社模式，另一种是期刊编辑部模式。

（一）期刊出版单位常见的运营模式

1. 期刊社模式

期刊社一般是具有企业法人或事业法人资格的较大型期刊出版机构，出版各类市场性期刊或党政机关类刊物，拥有较完善的出版组织体系，包括编辑部、广告部和发行部等。

2. 期刊编辑部模式

期刊编辑部一般不具有独立法人资格，而隶属于特定的企业法人机构或事业法人机构，其中以学术期刊居多。人员配比中，期刊编辑部的编辑多以兼职为主，而且只开展编辑业务，基本上没有广告业务，收入多靠主管单位资助。

近年来，随着我国出版业的转企改制工作的深入推进，大部分期刊出版机构开始向企业转型，小型期刊出版机构也逐渐通过联合重组兼并合作的方式做大做强，大型期刊出版集团日益成型，如知音传媒集团有限公司、读者出版集团有限公司等。

（二）期刊社的业务类型

期刊社是专门编辑制作期刊这类出版物的社会机构，其组织结构是指期刊社内部的全体成员为实现期刊出版发行并获得经济和社会效益，在管理工作中分工协作，在职务范围、责任、权利方面所形成的组织体系与结构。简言之，即是期刊社分工、分组和协调合作的模式。

1. 期刊社的传统业务

一般说，期刊社的组织结构由期刊的类型、规模和出版周期决定。从类型上看，不同类型的期刊，其经营目的或者收益来源不同，组织结构也存在差异，如对消费类期刊而言，广告收益占很大比重，这样的期刊社一般设有广告营销部门，而且人员比重也较大，而对于科技类期刊，常依靠发行盈利，甚至不以营利为目的，所以大多数不涉及广告销售，也就没有广告部门。从规模上看，期刊的规模越大，管理层次越深，部门就越多，内部关系也更复杂，如同时经营多种期刊的期刊社或期刊出版集团，可能会分设多个不同的编辑部或编辑室分别负责一种或多种期刊的编辑，另外还会设有广告部、发行部、市场部等部门负责不同的日常业务。从出版周期上看，期刊出版周期的长短与期刊社的工作量和人力资源配比情况有很大的关系，如周刊拥有的作者、记者和编辑就比月刊多很多。

在传统的期刊社内部，按照工作性质，可以把期刊社的业务分为四大类：

编辑工作——包括期刊的选题策划、内容创作与编辑和排版设计等业务。

广告工作——包括广告销售、促销业务和开拓市场等业务。

发行工作——包括发展和巩固读者群，开展订阅和零售渠道建设等业务。

制作工作——包括期刊的印刷、包装、寄送和运输等业务。

2. 现代期刊社的新变化

随着现代文明的发展，社会分工越来越细化，在出版传媒行业领域也出现了很多新型的组织机构、职业类型和业务内容，对期刊业的升级发展产生了重要影响。

（1）自由撰稿人

在西方，没有被任何出版公司雇用或签订长期合同的撰稿人被称为自由撰稿人，而在我国，一般意义上的自由撰稿人是指那些以自由撰稿为主要收入来源的人。自由撰稿人是一个新兴的职业群体，1999 年深圳曾将"自由撰稿人"列为社会职业统计名录，这意味着自由撰稿人成为一种职业类型，尽管他们并不属于特定的组织机构。

自由撰稿人的产生符合现代期刊发展的需要。随着期刊种类的增多和出版周期的缩短，期刊社对于稿件的需求量大大增加，在对稿件质量和经济成本双重考虑上，越来越多的期刊社愿意以支付稿酬而非直接聘用的方式从自由撰稿人处获得稿件。自由撰稿人的产生，使得期刊社无需花费太多成本就能稳定和扩大稿源，相应地还降低了采编成本，并提高了稿件的采编效率和质量。

（2）业务外包

也称资源外包，是指企业整合利用外部市场上最优秀的专业化资源完成原来由企业自身完成的工作，达到降低成本、提高效率、充分发挥自身核心竞争力和增强企业对环境的迅速应变能力的一种管理模式。对于期刊出版机构，业务外包就是将其非核心业务，如校对、排版、封面设计、插图设计等工作交由期刊社外部专门的公司和团队完成。业务外包可减少岗位需求，提高工作效率，在一定程度上还能提高出版物的设计质量。当前，高水平的版面设计人员难以招聘，专门设置一个版面设计岗位，成本也较为高昂，所以将此业务外包给专门的平面设计类公司，可显著降低期刊社的运营成本，并增强其灵活性。

（二）期刊社的部门、岗位及其职能

与期刊社的劳动分工相对应，期刊社的人员大体上可分为两大职能群体：内容生产群体和经营管理群体。内容生产群体负责提供期刊的文稿、图片，并对内容进行编辑和版面设计，所属部门是编辑部和编辑委员会。经营管理群体负责广告、市场、制作、发行、财务、人事等工作，所属部门包括广告部、发行部、市场部、财务部等。

2005 年我国公布实施的《期刊出版管理规定》中明确规定：期刊采编业务与经营业务必须严格分开。所以，期刊社一般将广告发行与编辑部门独立开来，互不干涉，以保证期刊编辑的独立性和自主性，尽可能减少期刊广告经营对内容编辑的影响，以此保持期刊的形象、风格和社会地位。

1. 期刊社的组成

编辑部是由期刊社的所有编辑组成的业务团队，主要职责包括：根据期刊的出版方针和任务，结合本部门所承担的专业和栏目，提出长期的选题计划及近期的发稿计划，联系作者或译者组稿、审稿、加工修改稿件、发稿、搜集竞争对手信息，掌握同行出版状态等。小型期刊社一般只有一个编辑部，大型期刊社则有可能拥有多个编辑部分别负责多个期刊。

编辑委员会是期刊出版机构的编辑业务指导委员会，由期刊社或期刊编辑部主要领导及相关学科的专家或相关领域的资深人士组成，主要职责包括：确定编辑方针，指导编辑工作，解决期刊出版中遇到的重大问题（制定或修改期刊方针、风格，确定中长期选题，明确重大社会事件的报道策略等），审读重要稿件等。期刊编辑委员会通常一届任期为4年，每一届的编委会不少于7人，编委会主任一般由期刊社的社长或主编担任，成员由期刊出版单位提名，最后由主办单位确定。

2. 经营管理部门的工作职能

期刊社的经营管理部门承担着期刊的运营管理性工作。对于市场化的期刊社来说，经营管理部门尤为重要，其部门运作能力，往往决定着期刊的发行量和广告收入。期刊社的发行部和广告部是期刊经营的核心部门，承担着创造利润的重任。大型期刊出版机构，经营管理部门还包括人事部、财务部、研究部、印刷制作部等机构，这些机构作为期刊社的日常运营机构，对期刊社的正常运转提供着必不可少的辅助性业务。小型期刊出版机构，经营管理部门就只有发行部和广告部。

期刊社的发行部负责期刊的发行销售工作，主要职责包括：制订发行计划，贯彻营销策略，建设发行渠道和网络，组织并宣传征订，包装和发运期刊，收集读者意见，进行市场调查等。在市场化的期刊社内部，发行部门的地位较为突出，人员编制也常多于编辑部门。

期刊社的广告部负责期刊的广告销售业务，主要职责包括：制订广告销售计划，联系广告客户，开展广告营销，联系广告公司，开展广告主公关等。在市场化的期刊社内部，广告部的地位也十分重要，特别是对于广告收入远高于发行收入的大型消费类期刊，广告是其主要利润源泉，广告部的经营业绩往往决定了期刊社的收入状况。

3. 西方公司制期刊社的典型工作岗位及职能

西方期刊社多为私有公司性质，一般采用董事会制度，编辑委员会成员、总经理、社长、出版人、主编都由董事会任命。大型期刊出版集团可能管理多达几十种甚至上千种期刊，如时代华纳集团拥有 150 多种杂志，包括著名的《时代》周刊、《财富》、《生活》、《人物》、《体育画报》等；爱思维尔集团则拥有 2000 多种科技期刊，包括《柳叶刀》《四面体》《细胞》等知名的学术期刊。

在大型的期刊社中，经营管理群体包括总监或 CEO、发行人、发行总监、市场总监、公关总监、生产总监、广告销售总监、网站总监、助理发行总监、调研总监、广告销售总监；内容生产群体包括总编或主编、副主编、行政主编、主编助理、执行主编、创意总监、美术总监、美术编辑、编辑、高级编辑、责任编辑、图片编辑、专题作者、主任记者、摄影师、记者、自由撰稿人、编务等。

总裁：只有在大型出版集团或公司中才有，是出版集团企业的最高层领导人。不一定仅仅运营管理期刊出版业务，还可能运营报纸出版、图书出版、电视台、广播台、网站等多种媒体和多个分公司。

社长：他是期刊社的最高领导，不一定是出版人出身，但必须精通期刊出版的管理工作，向出版公司的董事长和董事会汇报工作。社长负责期刊的全面工作，主要是发展方向、战略和声誉工作。

发行人：也称出版人，既可能是期刊社的合伙人，也可能是一位高级雇员。根据公司大小不同，发行人的职责大小略有不同。发行人一般拥有发行经验，负责维护并提高期刊的市场知名度，并确保期刊能够正常持续出版。在出版多种期刊的公司里，每种期刊都有一个发行人，他了解期刊的市场状况，包括读者情况和广告主的情况，负责期刊的方方面面。

发行总监：全面负责期刊的发行工作，包括制订年度发行战略，开拓和发展新的发行渠道和构建发行网络，统计并分析期刊发行数据，预测期刊发行趋势，开发新的客户市场，保证高征订率等。

发行经理：辅助发行总监工作，负责不同区域市场的期刊发行工作。

市场总监：对发行人负责，负责杂志的宣传和推广工作，目标是把杂志卖给更多的读者和广告主，工作内容包括销售广告版面和提高发行量的推广项目，如举办各种会议。

公关总监：负责建立媒体关系网络和其他特殊的推广工作，形成并维护期刊在读者和广告主中的认可度。小型期刊社的该项工作可以由市场总监负责。

广告总监：对发行人负责，主要负责为期刊拉广告，提高期刊的广告收入。具体职责包括研究受众和潜在受众的相关数据，制订广告销售策略，与广告签订合同，安排广告投放日程，回款，维护与广告主的关系等。

广告销售代表：对广告总监负责，负责直接与广告主联系，分析广告的受众特征，推销广告页面等。

生产总监：对发行人负责，管理期刊的印刷生产流程，负责产品的生产效率，保证生产的及时性、稳定性和印刷质量。

研究总监：这是一个特殊的岗位，通常只存在于大型报刊出版机构，对发行人或主编负责，负责研究受众特征、购买行为，确定核心受众群，查证数据等。

第二节　期刊编辑的管理

一、期刊编辑工作

期刊编辑工作是期刊社的中心工作。《辞海》对"编辑"的定义包括两层意思：一是指新闻出版机构从事组织、审读、选编、加工整理稿件等工作，是定稿付印前的重要环节。二是指从事编辑工作的人员。期刊编辑工作的对象是稿件和相关的图文材料。图书、期刊和报纸是三大类型纸质出版物。相应地就存在三种类型的编辑：图书编辑、期刊编辑和报纸编辑。相对而言，图书编辑更多的是针对特定的书稿和完整的结构，进行审读、修改和加工，较少具有创造性再造和编排活动。期刊编辑则主要按照主编的总体构思和一以贯之的期刊风格，把来源广泛、内容各异、主体鲜明的众多稿件收集、筛选、润色加工，然后按照一定的结构和顺序编排，使之成为体现一定思想和主题、具有特定风格和独特吸引力的成册连续出版物。在此过程中，期刊编辑有较多的个人创新性加工活动。相对于期刊编辑注重内容的主题和深度而言，报纸编辑更注重新闻消息的新颖度，在编辑过程中更关心版面设计，通过内容的排列顺序和版面结构体现报纸的宗旨和编辑方针。

期刊的编辑工作可以分为三个层次：宏观编辑、中观编辑和微观编辑。

（一）宏观编辑

依据期刊的读者特征、市场定位和方针任务对期刊的风格和版式进行总体构思，主要由主编或总编辑承担该项工作。宏观编辑考虑的重点是如何确立期刊的个性、创造自己的特色、确定自己的风格和形象特征，以区别其他同类期刊，满足读者的需求及其变化，吸引读者，并形成稳定的读者群。

（二）中观编辑

对某一阶段（如某一卷或某一季度）期刊的编辑构思。考虑的重点有三个方面：一是如何保持期刊风格的一贯性；二是如何使期刊在传统基础上创新，保持时代敏感性；三是如何变化，如是否出专辑、专刊等。总体说，中观编辑是对期刊内容的战术性考虑，目的是落实期刊的宏观编辑思想。

（三）微观编辑

对特定一期期刊的构思，也就是如何编辑好一本期刊的具体设计和规划。它要求编辑首先编排栏目、策划专题、联系撰稿人、采编稿件、组织稿件和图片，并对其进行修饰、改正、查实、考证、加工等编辑，最终确定版面结构，准备付印。宏观编辑、中观编辑和微观编辑三者必须相辅相成、衔接一致。宏观编辑确定编辑思想，中观编辑确定主题方向，微观编辑确定内容和表现形式，三者逐步细化，逐步落实，共同构成期刊的编辑体系。

二、期刊编辑的意义

期刊编辑是编辑工作者为了实现期刊的创办目标，在期刊的编辑方针指导下，为保证期刊的内容质量和期刊的风格，对初稿进行创造性加工修改和编排设计的活动。期刊编辑工作主要包括审读、修改、加工、润色、注释、设计、排版等活动，是期刊生产制作流程中的核心环节。只有经过编辑后的期刊才能发排和送至印刷厂印刷。

期刊编辑是实现期刊宗旨，树立期刊风格，实现期刊社会功能的根本性工作，它将零散的文章变成具有主题的、暗含一定文化思想和意识形态的出版物，既传播了新闻、信息和知识，又体现了编辑工作者的劳动价值。

三、期刊编辑的分工与职能

不同期刊社的编辑分工各有不同，甚至相差很大，这方面的决定因素包括：期刊的类型、内容、页码数、出版周期、投入资金等。不论期刊社性质如何，编辑人员的职能都是对期刊的内容和版面负责，无论人员多少都必须完成文字的加工和版面的设计工作。当然其中有些工作可以业务外包，如图像加工、版面设计等。

从组织管理本质上，期刊编辑人员的分工是给编辑人员分派工作和委派得力的人员完成相应的工作。多数期刊的主编在工作过程中都会延续一套较为稳定的组织结构体系，但也会在适当的时候灵活变通，以达到完成工作目标、推动编辑职业发展、培养和教育新人的目的。

一般而言，期刊编辑的职位类型包括：总编、主编、编辑、助理编辑、责任编辑、执行编辑、网络编辑、摄影师等。

主编：是在期刊社内负责全面工作的人，对期刊发行人负责。主编通常既是一位专业编辑人，也是一位综合管理者。主编既管期刊内容的创作和编辑，也管期刊的发行、广告、人事、财务等工作。期刊的主编是运营一本期刊的灵魂人物，在期刊社中扮演着多种角色：①领导者，负责确定期刊的风格，使之符合期刊的定位、宗旨和受众的需要。他既要保持期刊风格的连续性，也要根据时代变化带来一些改变，以适应受众口味的改变和时代流行趋势。②创作者，负责每一期期刊的宏观创作，对每一期期刊进行终审把关，对每一期期刊内容负有最终的责任。③总经理，负责期刊社所有资源的配置，特别是编辑人员的调配和资金的预算。④形象大使，负责期刊的社会形象和市场推广工作，通过组织、出席和参加一系列社会活动，保持公众对期刊的知晓度和关注度，是期刊品牌和形象代言人。

编辑：对主编负责，负责搜集信息、确定选题、策划专题、撰写期刊主要文章（包括封面文章）、审稿、编稿、审读校样，安排助理编辑等工作。

助理编辑：对编辑负责，辅助编辑的工作。负责搜集信息、策划选题、撰写期刊文章、审稿、审读校样、撰写目录、回复读者来信，负责期刊的非重要栏目。

责任编辑：对主编负责，是一篇文章的责任人，负责文章内容的真实性、可靠性、规范性以及可读性。责任编辑需要知道期刊的格式要求和风格，以保证文章的一致性。责任编辑还需合理安排文章结构，编辑和修改文章标题、语法、标点等内容。

执行编辑：相当于主编或编辑主任，在西方的期刊社内执行编辑多是总编辑的助理，掌握编辑工作进度、协调各栏目编辑工作、安排统稿工作。在我国，执行编辑常负责特定一期期刊的总体构思，对该期期刊负有全面责任。一般由主编指定或由编辑部的所有编辑轮流担任。

网络编辑：是最近十年内才在期刊社内出现的一种编辑岗位。网络编辑对主编负责，具体负责期刊网站的编辑和维护工作，包括制作在线内容和制作电子期刊内容。

摄影师：专门负责图片摄影的工作人员。以图片为主的杂志通常有一个或多个摄影师，大部分摄影师都是自由职业者，只有少数期刊才有专职摄影师。他们接受艺术总监的安排和指挥，提供每期期刊所需的摄影图片。

作者：既包括专职作者，又包括兼职作者，即自由撰稿人。一般的期刊很少有专职的作者，大部分作者是兼职的，即可为多家期刊撰稿和供稿。期刊的专栏作者通常都是某专业领域或具有某种特长的权威人士或知名人物。

四、期刊编辑的素养

期刊编辑是一种智力型职业，从事的是一种创造性和艺术性工作。期刊编辑，尤其是主编赋予了期刊独特的个性和风格，树立了期刊自有的形象，"有什么样的编辑，就有什么样的期刊"，决定期刊质量高低和影响力大小的最重要因素不是作者，而是期刊编辑，他们是期刊的灵魂。所以，只有优秀的期刊编辑才能创造出卓越的期刊。

期刊编辑的素养是创造优秀期刊，推动期刊走向成功的基础。期刊编辑的职业道德则是保障期刊稳健发展的根本。只有具备一定职业素养和职业道德的编辑，才能成为优秀的和令人尊敬的期刊编辑。

在我国《期刊出版管理规定》中，对期刊出版方向和方针规定如下：期刊出版必须坚持正确的舆论导向和出版方向，坚持把社会效益放在首位、社会效益和经济效益相统一的原则，传播和积累有益于提高民族素质、经济发展和社会进步的科学技术和文化知识，弘扬中华民族优秀文化，促进国际文化交流，丰富人民群众的精神文化生活……期刊刊载涉及国家安全、社会安定等重大选题的内容，须按照重大选题备案管理规定办理备案手续。

要严格执行出版管理规定的要求，期刊编辑必须具备以下编辑素养：

①文字素养指期刊编辑人员处理和驾驭文字的能力，它要求期刊编辑了解各种体裁文章的写作模式、写作风格、用语规范，能够发现和处理各种文法错误，能够针对不同体裁的文章进行裁剪、加工和润色，以

提高文章的可读性和易读性。

②专业素养指期刊编辑应掌握某一特定学科和主题领域的专业知识和相关信息。它要求期刊编辑拥有较扎实的专业基础知识，并了解该专业的发展现状，防止出现专业知识上的错误，以保证文章的准确性和科学性。

③业务素养指期刊编辑必须熟记本期刊的风格，并掌握编辑工作的基础理论，能够熟练应用各种期刊编辑的常用方法、技巧和软件工具，特别是现代编辑软件和系统，对各种格式的稿件进行电子化编辑加工，按规范要求完成本职工作任务。在此过程中还能实现与其他工作人员的分工协作。

④信息素养指期刊编辑对用户需求和时代变化的敏感程度。要求期刊编辑能够捕获社会大众和目标读者关心的热点问题或提出引发大众思考的重大社会问题。信息素养还要求期刊编辑灵活掌握各种现代信息工具和信息搜索方法，例如计算机、互联网、搜索引擎、移动上网等。

⑤政治素养指编辑的政治敏感性，对涉及包括宗教、民族、外交、政党等主题的文章应掌握尺度和相关的报道制度。编辑应该热爱祖国、拥护社会主义，具有高尚的情操和坚定的政治立场和社会责任感，对于大是大非问题应该保持清醒头脑。

五、期刊编辑的职业道德

职业道德是同人们的职业活动紧密联系的符合职业特点所要求的道德准则、道德情操与道德品质的总和，它既是对本职人员在职业活动中行为的要求，同时又是职业对社会所负的道德责任与义务。良好的职业道德是每一个编辑都必须具备的基本品质。期刊编辑最基本的职业道德要求就是公正。它要求期刊编辑对文章作者和读者具有负责任的态度，保证期刊文章中的数据和信息都是真实可靠和准确无误的。公正还要求期刊公平地发表相互对立的双方争论的论点，同时还要求期刊发表的观点和立场要有理有据。《期刊出版管理规定》中关于期刊编辑的职业道德也有相关规定：期刊刊载的内容不真实、不公正，致使公民、法人或者其他组织的合法权益受到侵害的，当事人有权要求期刊出版单位更正或者答辩，期刊出版单位应当在其最近出版的一期期刊上予以发表；拒绝发表的，当事人可以向人民法院提出诉讼。期刊刊载的内容不真实、不公正，损害公共利益的，国家新闻出版广电总局或者省、自治区、直辖市新闻出版行政部门可以责令该期刊出版单位更正。禁止以采编报道相威胁，以要求被报道对象做广告、提供赞助、加入理事会等损害被报道对象利益的行为牟取不正当利益。期刊不得刊登任何形式的有偿新闻。

第五章　作者、编者与读者的关系

第一节　编者与作者的关系

一、作者的价值

作者是期刊稿件的源泉和期刊社最重要的出版资源。多数期刊的稿件都来自于期刊社外部。作者稿件的质量在很大程度上决定了期刊的质量，特别是科技类期刊，作者的层次水平决定了期刊的影响力和权威性。为了提高期刊的质量和水平，期刊社必须重视作者的价值，并给予高度重视。采用多种管理手段维护好高水平作者队伍，稳定稿源、防止高水平作者流失、提高作者创作水平、培养年轻的作者队伍。

二、作者的管理

在作者资源的挖掘和作者队伍的建设上，《故事会》的成功案例能带来很多的启发。《故事会》是由上海文艺出版社编辑出版的中国最通俗的民间文学小本杂志，是中国的老牌刊物之一，曾先后获得两届中国期刊的最高奖——国家期刊奖。

期刊不同于图书，它的传播特性要求作者思想敏锐、文稿观点新颖，还要讲求时效性；期刊的文化内涵还要用富有相同品格的文稿来保持和强化，所以，期刊不能坐等来稿，而要下大力气建立一支相对稳固的作者队伍，为此期刊编辑需从四方面努力：

①建立作者信息库，掌握作者的基本信息，并及时更新，以便于后期约稿。

②开展沟通与交流，掌握作者兴趣和思想动向，适当给予培训，提高作者创作水平。

③实施情感营销，加强感情联系，挽留和开发高水平作者，并培养年轻的作者队伍。

④为作者服务，解决好稿费与版权问题，解决作者的后顾之忧。

第二节　读者与编者的关系

期刊的读者就是购买和阅读该期刊的社会群体。每种期刊都有自己特定的读者群，他们是期刊发展壮大的基础，没有读者支持的期刊是无法取得成功的。为了更好地为读者服务和扩大期刊市场，期刊编辑必须掌握期刊目标读者的结构与需求。

一、读者的结构与需求

期刊读者往往拥有多种社会属性，如性别、年龄、职业、教育水平、收入、生活区域、购买方式、阅读习惯等。为了分析读者的结构，期刊社必须通过多种方式了解这些读者信息，以便于分析读者需求，确定期刊发展方向。

我们按照性别、年龄、阶层、职业、地域、购阅方式及是否阅读等标准，将期刊的读者群进行如下划分：

①按性别划分，可以分为女性读者和男性读者。一般来说男性读者喜欢汽车、财经、旅游、政治等主题性质的期刊，女性读者则更喜欢时

尚、家居、服装、生活、爱情、文艺等性质的期刊。相对而言，女性比男性更喜欢阅读期刊，所以市面上的女性期刊较多。

②按年龄划分，可以分为儿童读者、少年读者、青年读者、中年读者、老年读者。不同年龄段的读者关注的主题和对期刊的兴趣并不相同。

③按阶层划分，可以分为上层读者、中层读者和基层读者。上层读者的收入和社会地位都很高，较为关注企业管理、资本运营类、高档休闲类信息。中层读者的收入丰厚，社会地位较高，更关注家居、保健、运动、旅游、美食、两性、时尚等信息。基层读者的收入较低，社会地位不高，更关注家庭、创业、财富、教育、手工类信息。

④按照职业划分，可以分为教师、工人、企业家、军人、农民、科研人员、外企职员、国有公司职员、私营企业职员、公务员、自由职业者等。不同的职业一般对应不同的阶层，具有特定的文化需求特征，对行业期刊和消费类期刊的需求均有较大差异。

⑤按照地域划分，可以分为大城市读者、小城市读者、农村读者；沿海地区读者、内地读者；国内读者、国外读者。

⑥按购阅方式划分，可以分为订阅读者、购买读者、赠阅读者、图书馆读者。

⑦按是否阅读过划分，可以分为现实读者、潜在读者。

影响读者结构的因素包括自然因素（年龄、职业、地域、性别、家庭）、文化因素（文化素养）、个性（性格和兴趣）、经济因素（收入水平、消费习惯）等。

二、读者与编者的关系

满足读者需要是编辑工作的目的和动力。编辑与读者既是供应与消费的关系，也是生产与监督的关系。市场需要通常是短期的、局部的需要，从长远来看，读者的需要决定图书的出版，读者期望什么，编辑就应满足什么，只有读者需要才是长期的、根本的需要。

读者其实也是文化创造和传播的积极参与者。

读者是期刊质量的唯一评定者。依据接受美学的观点，读者是文化知识的接受者，是知识信息最终到达的目的地，一本期刊的优劣，读者的欢迎和喜爱程度是最公正客观的评价标准。

编者通过期刊内容引导读者。优质的读者是引导、培养出来的。读者一般也都偏爱对他有帮助或很大帮助的期刊，而对低于他欣赏水平的刊物不感兴趣。真正吸引读者的是读者所欠缺或极为喜爱的刊物内容。

编者还可以创造新读者。编辑并非简单地迎合市场，编辑同样发挥能动性提高读者、创造读者，具有创新意识的编辑，才能够激发读者兴趣，吸引读者，提高读者的文化水平和审美水平，为期刊培育出更大的市场，带来更多的潜在读者。

三、读者工作

建立属于自己期刊的读者群，需要做好三个方面的工作：

①进行读者调查，获取精确的读者信息和市场潮流信息。

调查方式包括两类：期刊社自己调查和委托专业的市场调查公司进行调查。具体可采用开座谈会、问卷调查、网上反馈、电话访谈、个别访谈、市场观察等形式。

②做好读者服务，如提供邮购、换刊、会员俱乐部等。通过这些贴心的服务赢得读者的好感和关注，进而扩大订阅市场和零售销量。

③处理读者反馈，包括刊评、纠错反馈、建议和意见等。

第三节　作者与读者的关系

作者和读者之间的关系是十分重要的。首先，期刊作者创作的主要目的是把自己的思想情感融入作品之中，通过人们的阅读行为获得传播和意义扩展。作者和读者的共同努力使作品这一"虚实无常的客体"得以显现它的丰富内涵。

其次，阅读是一种观念和创造的综合。阅读的意义不仅在于认识作品，而且在于超越作品，即对作品进行再创造。阅读在再创造的过程中将作品的空间展开，从而重新建构一个新的空间，弥合原有作品中存在的缺憾。

再次，写作和阅读是同一行为的两个方面。两者是相互依存、相互作用的关系。但在不同时代，两者的关系类型并不同。在知识和信息匮乏的年代，创作往往是少数精英的权力，作者也有一种高高在上的虚荣感，作者的创作作品往往是读者的福音，担当着启迪大众的责任。

随着出版产业的发展，以及新媒体的出现，作者和读者的关系结构发生了深刻的变化，写作成了作者与读者进行对话的方式，成了他们共同批判社会的武器和追求自由与理想的工具。作者与读者在平等原则下进行交流和沟通，共同构建了社会舆论场，影响甚至决定了很多社会事件的进程与社会政策的制定。

第六章 期刊稿件的处理

第一节 期刊的组稿

一、组稿的途径

（一）组稿与组织作者

制订选题计划和对期刊进行总体编辑构思等，都是规划性的工作，具体落实总体编辑构思和选题计划，才真正进入实践阶段。只有经过实践的落实，期刊才能真正成为我们看得到的精神产品呈现在我们面前。这种实践过程也是一步步实现的，其第一步就是组稿。也就是根据选题计划，将一个个选题落实成为一篇篇写好的文章。

组稿是期刊编辑工作实践阶段的第一步，整个期刊的具体编辑工作便是从组稿工作开始的。

组稿，顾名思义，就是组织稿件的意思，是发现、选择、组织作者完成稿件创作的活动。尽管由编辑组织作者写文章是期刊稿件最重要的来源，但却并不是唯一来源。一个期刊，其稿件来源，除了组稿之外，还有很大一部分来源于作者投稿，以及其他的推荐稿等。

当然，组稿并不是随意地集合一些稿件，只有将符合期刊总体编辑构思的稿件集合起来，才能称之为组稿。

　　组稿工作是由期刊编辑进行，期刊编辑在组稿的时候，是需要发挥其主观能动性的，编辑们要利用自己的思想意识和学术品位等去开展这项工作。应该说，组稿工作是一项具有很强的思想性和艺术性的工作，而不仅仅是一项事务性或技术性的工作。

　　期刊编辑组稿活动时，必须将选题计划或总体编辑构思作为组稿依据，同时寻找合适的作者。作者选择合不合适，是一次组稿工作能否成功的关键。因此，选择作者是组稿工作的重中之重。要选择好作者，第一是要和作者建立起良好的关系。有良好关系的作者越多，越利于组稿中作者的选择。第二需要了解作者。对作者越了解，选择的准确性就越高。第三要讲究工作方法。工作方法越灵活，组稿成功的可能性就越大。

　　按照选题计划进行组稿和按照总体编辑构思进行组稿，二者不是完全相同的组稿方式。按照选题计划组稿，是组稿的最主要方式，是贯彻编辑意图的可靠保证。而按照总体编辑构思进行组稿，也即组稿的题目并不在选题计划之内，但却符合总体编辑构思。这种情况的发生，一般是编辑在按选题计划向作者组稿时，由于作者不同意而另行提出新的选题。期刊编辑如果觉得作者的选题不符合选题计划，但却符合期刊的总体编辑构思，也可以把总体编辑构思作为依据组稿。

　　把总体编辑构思作为依据组稿，要求编辑对期刊的总体编辑构思有正确的理解，否则可能会因为误判而组了不符合期刊总体编辑构思的稿件。如果遇到拿不准的情况，最好不要贸然行事，而应该经过编辑部研究确认新选题，合适后再组稿。

　　（二）投稿及其他

　　投稿，又称为自然来稿。这是作者主动写出稿件后投给期刊的一种方式。投稿与编辑组稿不同，投稿的主动性掌握在作者手里，写什么内容，投寄给哪家期刊，都是由作者自己确定，期刊编辑只能被动地接受稿件。但这并不是说期刊编辑就没有主动权了，其主动权就是在处理稿件时可以根据稿件情况确定采用或退稿，但这种主动权已经超越了组稿范围。

从深层次看，期刊编辑看似对投稿没有主动权，其实还是有隐蔽的主动权的。因为，作者之所以把稿件投给这个期刊而不是投给其他期刊，肯定是其认为自己的稿件适合这个期刊，一个作者肯定不会把自然科学的稿件投给社科期刊。这就说明，期刊尽管并没有主动向作者约稿，但主动向作者展示了自己需要和欢迎什么样的稿件。这就是期刊在投稿中隐蔽的主动性。

事实上，期刊能否收到投稿，收到投稿数量的多少、质量如何，很大程度上取决于期刊本身的影响力，影响力大的期刊，自然来稿就会多，质量也会好；反之，影响力小的期刊，收到的自然来稿会少，质量也相对较差。和投稿相似的还有推荐稿。推荐稿指的是由专家、领导或其他人推荐给期刊的稿件。推荐稿和投稿的不同之处在于稿件的作者不是自己把稿件投给期刊，而是通过其他人推荐给期刊的，相同之处在于它和投稿一样不是期刊编辑主动约稿的。

一般说，推荐稿件的人大多是和期刊有某种关系的人，所以和一般的投稿者相比，推荐人要更熟悉期刊的特色和风格、要求等，因而稿件的适用性也较大。同时，推荐稿由于经过专家和领导等推荐人鉴定过，所以质量常常会有保证。

总体说，推荐稿和投稿相比，具有其优越性。当然，具体到一篇推荐稿，编辑不可有心理定式，不管是谁推荐的，都要认真审阅，以免出现问题。

内部稿指的是期刊编辑自己写的稿件。内部稿有的时候是期刊编辑因期刊急需，来不及向外组稿时而写的；有的时候是配合期刊需要的资料性文章。它既可以是为完成任务而进行的被动之举，也可以是期刊编辑的主动之举。这两种尽管都是内部稿件，但性质却不一样：前一种近似于组稿性质，后一种则和投稿类似。

内部稿对期刊，往往是不可或缺的，特别是对于一些时事类期刊。因为期刊编辑更了解期刊的需求，因此，即便是主动写就的稿件，一般说，也会契合期刊的需要。有时候，有些选题的优选作者也许就在期刊社内部，就不必向外约稿了。

一般说，期刊会尽量少刊登内部稿件，而尽量刊用外部稿件，这是一种好的传统，不仅受外部作者的欢迎，也利于期刊自身的健康发展。

（三）　正确认识和看待投稿和组稿

对一个期刊，内部稿件不宜多，但也不能没有。推荐稿也是如此。

内部稿中既有组稿性质的，也有投稿性质的；推荐稿则是投稿性质的。期刊编辑一定要正确认识和看待组稿和投稿，只有这样，才能正确对待内部稿和推荐稿。

第一，组稿的主动性与接受投稿的被动性。一个期刊，接受投稿看起来是被动的，但这其中又有主动性，这种主动性不仅体现在前述中所说的隐蔽的主动性上，还体现在对投稿的处理上。到底采用不采用投稿，期刊编辑有完全的主动权，而不像组稿那样受约束。

组稿看起来是期刊主动进行的，可以就稿件的内容和字数等和作者约定，有很大的主动权，可是，稿件最终能组织成什么样，期刊编辑并不是完全有把握，往往存在很多掌控不了的情况，这是由于约定是一回事，作者最终写成什么样又是另一回事。组稿的主动权由作者和期刊编辑共同掌握，而并非只掌握在期刊编辑手中，作者手中的那部分主动权就是期刊编辑被动的部分。

从以上分析看出，组稿和投稿，对期刊编辑都是既有主动性，也有被动性，不能把组稿的主动性与投稿的被动性绝对化，而只重视组稿、忽视投稿。

第二，组稿的作用是显见的，它是期刊贯彻办刊方针和办刊宗旨、总体编辑构思以及保持期刊特色和风格的重要保证。尽管组稿是期刊稿件的重要来源，但也不能不重视其他来源的稿件，否则会得不偿失。如果一个期刊只刊登组稿，就会和过多刊登内部稿一样，很容易使期刊进入一个封闭系统，并进而影响期刊的办刊质量和长远发展。

当然，不把组稿当作唯一的稿件来源，并不是说就不承认它之于期刊的重要价值，它仍然是期刊最重要的支撑。选题计划中的一些选题，特别是重点选题和系列选题等等，主要还是要依赖组稿来完成的，每一个期刊编辑对这一点都必须有清醒的认识。

第三，过分依赖投稿，其不利之处和将组稿作为唯一来源一样。投稿相比组稿，不用费时费力，可自主地从中选择自己需要的，既不必费力地去拟定选题和组织作者写稿，又可以自主地选择需要的稿件，和组稿相比，是既省力又省事。一般说，推掉不合适的组稿，比较费事，而推掉不能用的投稿，就相对简单多了。所以，有一些不是很专业和比较疏懒的期刊编辑，往往就不依赖组稿而是靠从投稿中挑选稿件来办刊。这种情况很容易导致期刊的办刊质量取决于来稿的质量，而不是取决于编辑的办刊水平。期刊的办刊方针、办刊宗旨、总体编辑构思在实际的办刊过程中就很难贯彻落实，来什么米就只能做什么饭，很难将期刊办出特色和风格。长此以往，期刊的长久发展肯定就会出现问题。

从以上分析看出，期刊要想办出特色，办出生气，就要既重视组稿，也不可忽视投稿，同时还要正确看待推荐稿、内部稿等。对一本期刊，稿源越丰富越好，每一种来源的稿件，对期刊的办刊质量和发展都各有其不同的作用。

二、做好组稿工作的方法

（一）组稿与对作者的选择

做好组稿工作，最重要的是要选择好作者，也就是要选择好组稿对象。要做到这一点，就必须做好以下几方面的工作。

首先，要建立一支专业结构合理、年龄梯队合适的作者队伍。只有建立起了作者队伍，组稿才有基础，选择作者的时候才有余地，否则就会捉襟见肘，对组稿会非常不利。其次，编辑人员一定要熟悉每个作者的专业和专长，要经常和作者沟通和交流，了解他们的研究动向，才能确保在组稿选择作者时目标明确，也才能做到优中选优。再次，一定要对作者的时间状况有充分的了解，确定作者有时间完成约稿。这是组稿、选择作者的基础。要注重作者队伍的培养，使作者队伍不断扩大，并经常更新。了解作者看似简单，其实很烦琐，既需要编辑用心，又需要编辑有比较好的沟通技巧。对作者的了解程度，会直接影响到组稿的成败。比方说，一个作者是很好的组稿对象，但由于他手头的课题多，根本抽不出时间来写稿，就无法接受组稿任务。

有长期合作的作者队伍，而且了解作者的手头工作状况，这两点就提供了组稿工作的基础。但要组稿成功，仅有这两点还是不够的，还要求对作者的选择有正确的认识，否则也会影响组稿质量。

一般情况下，组稿选择作者的时候，期刊编辑会把知名作者和专家排在一般作者的前面。这样做当然没有错，可是，如果把这样的经验当成一种普适的规律，也可能会导致走入误区。这是因为：第一，每一个专家都是自己所从事领域的专家，而不是在任何一个专业领域都是专家，选择作者的时候，合适是第一选择，不能只看专家头衔。第二，对专家来说，其稿件也不是每篇都是精品，如果很多期刊都把目标集中在少数的专家身上，会导致专家疲于应付，并最终导致其作品趋于粗制滥造，质量下降。同时，也不利于年轻作者的成长和成熟，对作者队伍的梯队建设没有好处。第三，就算是专家所从事专业的选题，有时候最佳作者也未必就是专家。因为稿件最终都是给读者看的，不同的读者群对同一篇稿件会有不同的评价。比如，一个少儿期刊构思了一个介绍沙漠知识的选题，这时候，如果挑选一位研究沙漠的专家来写，写出的稿件，观点和内容肯定都没有问题，但未必能引起少儿的兴趣，也未必适合少儿阅读，读了也未必能读懂。从专业的角度讲，专家是最优选择的作者，但从少儿读物的角度分析，专家就不一定是最优选择的作者。所以，组稿选择作者的时候，不能只看作者的专业水平和学术能力及影响，还应该考虑其与读者群的契合度。

　　同时，做好组稿和选择作者的工作，期刊编辑也是一个挑战，要求其必须具备一些基本的条件：首先，期刊编辑要有比较高的政治素质、学术素养、艺术涵养。这是期刊编辑必备的基本素质，也是做好组稿工作和选择好作者的基础。其次，必须对选题有了解，而且了解得越多越透彻越好。组稿联系作者的时候，才能更有针对性，也才能让作者理解选题的真正要求。再次，期刊编辑必须掌握与选题相关的各种信息，以便组稿的时候提供给作者，有助于作者写出的稿件具有新颖性。最后，期刊编辑在组稿前一定要做好充分的准备工作。这个准备工作除上面提到的几点外，还包括明确对作者的具体要求等。

（二）组稿工作应明确的要求

期刊编辑在向作者约稿时，必须对作者有明确的交代。选题不同，交代的内容会有不同，但至少五个方面的事情，应该向作者交代清楚。

第一，要让作者充分了解期刊的性质，同时还要清楚地向作者交代选题的意图、根据，以及要解决的问题等。同样内容的选题，不同的期刊会有不同的要求，比如，学术性期刊要求的深度会比通俗性期刊深，而且即使同是学术性期刊，不同期刊对稿件内容的重点和写作手法等要求也会各有不同。要使约来的稿件符合期刊的要求，就必须让作者充分了解期刊的性质及对选题的具体要求。

第二，必须让作者清楚稿件所针对的读者群，清楚读者群的文化水平、兴趣状况，及其对选题的基本认识和困惑等。清楚读者群对选题的基本认识和困惑非常重要，因为只有做到了这一点，写出来的稿件才真正有针对性，才能受读者欢迎，也才能真正实现选题所要达到的目的。每一个期刊都有自身特定的主要读者群，还有主要读者群之外需要兼顾的读者群，主要读者群和需要兼顾的读者群的需求是不同的。不同的选题，是否要兼顾主要读者群之外的读者群，兼顾到什么程度等，是有一些细小的差异的。期刊编辑要让作者了解这一点，以使他们和期刊要求保持一致。学术期刊编辑还应向作者交代期刊的规范化要求等。

第三，必须让作者清楚期刊的办刊特色和办刊风格。因为作者只有清楚了这一点，才可能与期刊编辑配合，参与到创造期刊特色的行动中来。期刊风格的创造和保持，不仅需要期刊编辑努力，也需要作者的助力和配合。当然，期刊有期刊的风格，作者也有各自的风格，期刊的风格不可能与作者的风格完全一致，要求作者配合期刊的风格，并不是要作者放弃自己的风格。事实上，期刊的风格与作者的风格是可以并行不悖的。

第四，必须告诉作者稿件的字数限制。每一种期刊的页码都是固定的，每个栏目所占的页码也是有限制的。每个选题在一期期刊中占多少页码，期刊编辑在总体编辑构思中会有考虑，而这一点作者并不了解，这就需要编辑向作者作交代。作者了解了字数要求，不仅方便写作，也不至于打乱期刊的总体编辑构思，可谓一举两得之举。

第五，必须让作者清楚交付稿件的具体时间。期刊是有时间性的连续出版物，不仅内容要求既新且快，而且时间上也要按时出版，只要有一篇稿件延误，就会影响整个期刊的出版工作，甚至会导致期刊脱期。脱期对一个期刊来说，可谓大事故，是对读者、对社会的严重失信。对这一点，不但每个期刊编辑必须有充分的认识，期刊编辑也要帮助作者真正认识到按期交稿的重要性和必要性。

以上五点，都是期刊编辑必须让作者了解的内容。至于怎样让作者了解，怎样向作者交代，可以因人而异。例如，对老作者，他们对期刊的性质、办刊特色和办刊风格都比较了解，就不必一一详细向他们介绍，只要向他们交代清楚具体选题的要求即可。但对新作者就不同，他们对期刊不是很了解，期刊编辑除了像对老作者一样向他们介绍选题的具体要求外，还应该详细向他们介绍期刊的性质、办刊特色和办刊风格等。另外，交代的重点也可因人、因选题而异，即对不同的作者、不同的选题可以有不一样的侧重点。

期刊编辑在交代这些要求的时候，一定注意方式方法，要用婉转的、商量的口气，而不是命令的口气。期刊编辑不能因为掌握媒体资源和组稿权力，就向作者发号施令，而是要充分尊重作者，允许作者提出自己的看法和意见，即使是遇到作者提出不合理的意见时，也要和作者反复沟通，争取作者理解并最终达成共识。

（三）组稿的其他方式

编辑面对投稿和推荐稿，相对要被动一些。为了吸引到符合期刊需要的好的投稿和推荐稿，期刊编辑能做的就是把期刊办好，办出特色，办出风格。待投稿和推荐稿到了编辑部以后，编辑要做的就是沙里淘金的工作了。这就要求期刊编辑要有一双慧眼，能够发现适合期刊刊用的好稿件。另外，编辑的慧眼还要能够从投稿中发现潜在的作者，也就是说，有的作者可能本次投来的稿件不符合期刊要求，无法刊用，但编辑却可以从这个稿件中发掘出作者所拥有的发展潜力，可以成为期刊未来作者队伍中的一员。这个工作对期刊的长远发展可谓意义重大。同时，编辑自身要善于学习，多做研究，多出好的内部稿件，做到期刊有需要的时候就能顶上来。

组稿还有一些其他的方法，比如：召开研讨会、专题讨论会，征文，开展争鸣，专访等，都可以作为组稿的补充方式。

1. 研讨会、专题讨论会

研讨会和专题讨论会，二者有相通之处。它们一般都是由期刊社或期刊编辑部选定主题，然后组织会议研讨。一般来说，研讨会的主题相对于专题讨论会要更宽泛一些。期刊社或期刊编辑部确定主题后，要根据主题需要来确定参加人选。会议的效果一方面取决于确定的主题和参会人员是否合适，另一方面还取决于参会人员是否做了充分的准备，以及会议主持人的引导是否科学、高明。一般说，一个好的研讨会和专题讨论会的发言稿，稍加整理和加工应该就是一篇很好的能刊发的稿件。

研讨会、专题讨论会的主题，对社科期刊，最好是社会上的一些"热点"话题；对自然科学期刊来说，最好是自然科学领域里的一些新问题和新技术。参会人员最好是对相关主题有研究并有相关成果的人，这些人最好有几种不同的意见和观点。在研讨会、专题讨论会之后，可进一步做组稿工作。把一些观点很有见地的发言者作为约稿对象，组织他们撰写专题稿件。这可谓一举多得之举：既可以让作者充分阐述自己的观点，同时，经过讨论会集思广益后撰写出的稿件质量肯定相对要高。为了做到这一点，山东女子学院学报编辑部积极参与学校科研处和妇女研究所每年举办的国际妇女研讨会，在确定主题阶段就参与进去，对参会专家积极跟踪、交流，同时，编辑部全体人员全程参会，整个过程下来，专题和相关作者也就基本确定了。这种方式值得其他期刊社或期刊编辑部学习。

2. 征文

征文是由期刊编辑部出题目，以公开方式征文。这是一种比较开放的组稿方式。这种方式既能广泛发动社会各界的人给期刊撰稿，扩大稿源，又有希望从中发现新作者，同时，也可以为期刊做宣传，提高期刊的社会影响力。征文能否成功的关键也取决于是否有好的主题。越是大家关心的、能引起争鸣和探索的主题，效果一般也会越好。为了确保征文质量，达到预期效果，在公开方式征文的同时，也可定向向有关专家就征文主题进行组稿，当然，这些专家一定要对征文主题有研究。

3. 争鸣

争鸣就是在刊物上就某一话题或某一观点等展开不同意见的探讨。它要比一般的研讨、讨论更有针对性，更便于把问题深化，而且也更受读者群的接纳和欢迎。争鸣一般是用于学术讨论，对促进学术繁荣有很大的促进作用，同时也可以扩大期刊的稿件来源。这种方法既适用于社科期刊，也适用于自然科学期刊。至于争鸣的问题，当然也是越是热点越好。

4. 专访

专访是就某个或某些问题由期刊编辑对一些专家、学者等的访谈，访谈后，将内容整理成为文章。一般说，专访是报纸最常用的一种方式，但对期刊，也同样适用。专访最大的优点是能做到主动、及时。专访是用访谈、一问一答的方式，谈什么问题的主动权，一般掌握在问问题的期刊编辑手里。

专访工作能否做好，很大程度上取决于期刊编辑的准备工作做得怎样：做得好，专访工作就会顺利，就能达到预期目的；反之，就不会有好的效果。期刊编辑专访工作，并不是有了问题就行了，还要对这些问题的背景有充分的了解，而且要有自己的见解，这样的访谈才会精彩。而访谈后的稿件质量如何，不仅取决于被访专家的水平，也取决于期刊编辑的水平。期刊编辑的访谈能力和文字水平都会影响稿件质量。

除了上述组稿方式，更多的组稿方法，还需要期刊编辑者不断创造。

第二节　　期刊的审稿

一、审稿的性质与意义

（一）审稿的性质

例如，用比较形象的方式说明组稿和审稿之间的区别和联系：如果把做期刊看作盖楼，那么，组稿工作就看作是从原材料厂进原料，而审稿工作就相当于检验进来的原材料，剔除不合格的原料，把合格的留下，以确保工程质量。当然这种比喻也许不是很贴切，因为审稿和检验建筑工程材料相比，还有自己独特的性质，这种性质是由期刊稿件的精神产品属性带来的。审稿是一项学术性和思想性很强的工作，和一般的技术性检验工作不同，它要完成的是对稿件内容的思想性、科学性、趣味性等进行鉴别和判断，而不是对稿件外在的物质表现形式鉴别和判断。

对稿件鉴别和判断，指的是对稿件的思想质量、学术水平、艺术质量等进行鉴别，以判断其是否符合期刊的要求等。所有这一系列的鉴别、判断、筛选工作，都是基于对所审读稿件的认识而做出的。审稿工作中对稿件的鉴别和判断，都是以期刊编辑的政治素养、学识水平、艺术水准等为基础的，期刊编辑只有拥有较高的政治素养、学识水平和艺术水准，才能对稿件有相对准确的鉴别和判断，所以说，审稿是一项对期刊编辑要求很高的工作，其思想性和学术性都比较强。

由以上分析可见，尽管说审稿只是期刊编辑工作中的一环，但却是至关重要的一环，它是一个承前启后的工作：之前的选题计划和组稿工作都是为审稿准备稿件的过程，所以说，审稿也是对前面各个环节的检验；而审稿工作之后的修改和加工、编辑、校对等，都是审稿的后续工作。从整个期刊编辑工作的过程分析，审稿是其中非常重要的一环。

（二）审稿的意义

从以上对审稿的性质分析发现，审稿在整个期刊编辑工作中有着非常重要的作用，占有很特殊的位置。应该说，审稿过程，不仅仅是在给期刊鉴别、选择稿件，事实上，站在更高的角度分析，它应该是给整个社会鉴别、选择优秀的精神产品。因为期刊实际上是一种文化现象，它最终要在社会上传播并产生影响。例如：期刊编辑在审稿时，必须对稿件是否符合社会主义核心价值观，是否有利于社会主义物质文明、精神文明和政治文明建设进行鉴别和判断，也就是说，期刊编辑必须保持清醒的政治头脑，根据社会主义核心价值观来鉴别和选择稿件，绝对不能让错误、片面的东西进入社会，在社会上产生不良影响。

无论是为期刊对稿件进行鉴别和选择，还是为社会对稿件进行鉴别和选择，都是具有社会意义的。其社会意义，不仅体现在可以向社会传播正确的思想，还表现在其可以向社会传递科学知识、科学思想、科学信息和优秀的艺术。同时，通过审稿工作发现和挖掘出人才，也是展现其社会意义的重要方面。

对期刊自身，审稿也可谓意义重大。它既是落实期刊办刊思想、办刊宗旨、办刊方针、体现期刊总体编辑构思的保证，也是确保期刊办刊质量、创造和保持期刊办刊特色、办刊风格的保证。如果期刊编辑在审稿过程中做不到严肃认真，那么，上述工作都将无法保证，期刊的发展前景无疑堪忧。

当然，审稿最直接的价值在于确保所审稿件本身的质量。比如：要判定稿件是不是符合期刊的总体编辑构思，是不是符合期刊的办刊宗旨、办刊风格和栏目要求等，而最重要的是要对稿件的政治性、学术价值、艺术水平等准确鉴别和判断，并对如何提高其学术性、艺术性、思想性等提出具体明确的意见和建议。一般说，完美的稿件几乎不存在，总是有这样那样的问题，需要通过审读发现和解决这些问题。

第一，稿件中可能存在政治性、学术性或艺术性的问题，如果问题比较严重，必须弃用；如果问题是局部的、可以修改，那么就要在审读意见中提出具体修改建议。这些问题只有通过编辑的认真审稿，才能发现和判断。

第二，稿件的结构也许存在问题，这种问题会严重影响稿件的逻辑性，使稿件的逻辑性和说服力大打折扣。期刊编辑如果通过审稿发现这些问题，就要提出修改意见和建议，使稿件的框架结构更完整、有序，否则，稿件就无法刊用。

第三，稿件在文字表达、叙述方法上也有可能有问题，这样的问题通过审稿发现并修改后，使稿件的思想性、学术性、艺术性得到更好的体现。

上述问题，在不同的稿件中会不同程度的存在，这就决定了对稿件审读具有非常大的必要性。稿件本身的实际需要恰恰是审读工作的意义和价值之所在。

（三）对审稿工作的错误认识

审稿工作具有很重要的意义和价值，但并不是所有人都对这一点有清醒的认识，对审稿工作还存有这样或那样的错误认识。比如，有的人认为稿件是作者写的，反映了作者的思想和观点，文责自负，编辑没有必要审稿，甚至有人怀疑编辑审稿的必要性。他们认为稿件中的问题，应该由也只能由作者负责，而不需要期刊编辑负责，期刊编辑干吗去找麻烦审稿呢？

这样的观点乍听起来似乎是有道理的，但如果用这种观点否认期刊编辑审稿的价值却一点也没有道理。根本的问题在于，作者文责自负和编辑负责是完全不同的两码事，作者对稿件负责无法代替期刊编辑的审稿工作。期刊编辑审稿并非要替作者负文责，而是在履行他作为编辑的职责。

第一，期刊作为一种文化现象，对读者群进而对社会会产生影响。用什么样的内容去影响读者和社会，不只是作者需要负责，期刊编辑也要负责。如果没有期刊编辑的审稿，把观点错误的稿件刊发出来，推向社会，会在社会上产生恶劣影响，尽管作者要对这种错误负责，但编辑也必须负责。期刊编辑要对社会和读者负责，就必须审稿。

第二，期刊编辑审稿，并不影响作者的文责自负。同样，作者文责自负，也不影响期刊编辑审稿。作者要负的是文责，期刊编辑要负的是编辑责任，这是两种不同的责任。期刊编辑审读稿件，不仅要鉴别和判断稿件的政治性、学术水平和艺术水平，还有很多其他方面的内容，比如：稿件是否符合期刊的办刊方针、办刊宗旨、期刊的总体编辑构思等，没有编辑的审稿，对这些就无法做出判断。

另外，有的期刊编辑遇到权威专家的稿件，就认为不必审读，这其实也是一种错误的认识。有这种认识的编辑以为，自己作为编辑没有资格或能力去审读权威专家的稿件。这种观点看似有道理，可是却无法成为不必审稿的依据。期刊编辑不是全才，有些方面不懂需要向专家请教很正常，遇到这种情况，可以请外审专家审稿，但这并不是说期刊编辑就不需要审了，而是期刊编辑有期刊编辑的审稿角度。权威专家只是某个学科的权威，并不是编辑学的权威专家，甚至他们有可能对编辑学根本不了解。所以说，对权威专家尊重没有错，但尊重并不代表期刊编辑可以放弃审读他们的稿子。而且，即便是权威专家擅长的学科的内容，也不是完全没有问题，一些大家出错也是很正常的。所以说，不管稿件出自专家之手，还是出自普通作者之手，期刊编辑都必须审读稿件。

当然，期刊编辑审读稿件时，态度一定要谦虚认真，同时也不能过于挑剔。

二、审稿的内容

（一）审稿的任务

审稿的性质决定了审稿的任务，对审稿的性质的论述可以将审稿的任务区分为深浅两个层次探讨。

1. 较深层次的任务

深层次的任务主要体现在四个方面：

（1）期刊编辑要鉴别稿件的内容是否合适。这是审稿最重要和最核心的任务。而对内容的审阅，主要从三个方面来看：第一，要看稿件的观点是否正确。第二，要看稿件的内容是否符合期刊的总体编辑构思、期刊的办刊方针、办刊宗旨和办刊任务等，还要看稿件是否符合期刊的选题要求。第三，要看稿件是否有新观点、新思想等。

（2）期刊编辑要看稿件表述、框架是否恰当。合适的内容还需要有合适的表达方式、合适的框架结构，合适的内容才能得到比较好的表达。

（3）期刊编辑要看稿件内容的逻辑性如何，还要看稿件的图表、数字、事实是否准确、合理。

（4）在上述审阅的基础上，要对稿件做出总的评价，指出优点，提出缺点和需要改进之处，并针对这些缺点和需要改进的地方，提出针对性的修改意见。

2. 浅层次的任务

浅层次的任务主要有三个方面：

（1）要看稿件是否有抄袭和剽窃现象，是否是一稿多投等。

（2）要看稿件的可读性怎样。

（3）要看稿件的内容能否吸引读者，能否引起读者共鸣，读者会否对其观点和内容感兴趣等。

两个层次的审稿任务之间其实是相互交叉的，这是由于所谓的深浅是从不同角度来看的。深层次的任务是从纵向角度对稿子的分析，而浅层次的任务则是从横向角度对稿件的观察。

（二）审稿重点

能否对稿件有正确鉴别和判断，很大程度上取决于是否对稿件进行了认真的审读，而认真审读，需要掌握审稿的重点方面。

审稿的重点要把握两点：一是从稿件是否符合期刊的办刊方针、期刊的总体编辑构思，是否符合期刊这个系统，在时间上是否符合期刊的需要等外部关系方面鉴别稿件；二是从稿件的政治思想性、学术水平、艺术价值等方面考察稿件的内在质量。

1. 稿件的外部关系

（1）审核稿件是否适应期刊的办刊方针、办刊宗旨等。稿件是否符合期刊的办刊方针、办刊宗旨，是否适合期刊的读者对象等，是审读工作首先要进行考察的。一个科普性质的期刊，收到的稿件如果是学术性很强的，这个稿件就不太适合；面向青少年的期刊，有关成人内容的稿件就不合适；一个社会科学的期刊，有关自然科学的稿件就不合适。审稿的第一步如果发现稿件不符合期刊的办刊方针、办刊宗旨，不用审读其他方面即可将稿件剔除了。这一步审读要求期刊编辑要严格执行期刊的办刊方针和办刊宗旨，不能以自己的好恶决定稿件的取舍，自己感兴趣的就留下，自己不感兴趣的就退回。只要期刊编辑了解期刊的办刊方针和办刊宗旨，并严格执行期刊的办刊方针和办刊宗旨等，这一步审读工作就比较容易进行。

（2）审核稿件是否具有系统适应性，也就是对稿件和期刊的契合程度进行考察。具有系统适应性的稿件，一定是符合期刊的办刊方针和办刊宗旨的。但符合期刊的办刊方针和办刊宗旨的稿件却未必具有系统适应性。例如，稿件尽管符合期刊的办刊方针和办刊宗旨，但和期刊的办刊风格和办刊特色却不相适应，这种稿件，就不具备系统适应性。对系统适应性的审核，一般说不像对其是否适应期刊的办刊方针和办刊宗旨的审读那么简单、明显。如果没有对稿件系统适应性的审读，期刊就很难确保质量、特色和风格。

对稿件系统适应性的审读，一要鉴别其是否是期刊的微观总体编辑构思所需要的，和期刊中的其他稿件之间是否协调；同时还要从期刊中观总体编辑构思和宏观总体编辑构思的角度，纵向考察稿件与前后期同一栏目的稿件是否有呼应性。对那些没有呼应性的稿件，就要剔除。

（3）审读稿件的时间适应性。期刊作为定期出版的连续出版物，每期的出刊时间都是固定的。对稿件的时间适应性审读，就是考察稿件是否满足此时期刊的需要，将不适合的过时稿件剔除。对时间适应性的审读，就是根据期刊当时面对的形势、政策等考察稿件是否适合。过时或时机不到都说明稿件没有时间适应性。当然，这样的稿件本身可能并没有什么问题，只是时机不对而已。比如，一个生活类期刊，在冬天就不适合刊发扇子、冰淇淋的稿件。

对稿件时间适应性的审读，需要期刊编辑头脑清醒，对外界的形势等反应灵敏，一般说，期刊从审稿到刊发出来都需要一个较长的过程，这就要求期刊编辑必须有预见性，才能对稿件的时间适应性进行正确考察，使稿件在合适的时机刊发出来。期刊作为时间性较强的连续出版物，必须非常重视对稿件时间适应性的审读。

2. 稿件的自身质量

稿件的自身质量，是编辑决定对其取舍的关键因素。

（1）审读稿件的政治性和思想性。政治性是决定稿件质量的最重要的方面，政治是稿件的高压线，所以稿件的政治性是其自身质量的首要问题，也是期刊编辑首先要审核的重点内容。思想性反映了稿件的观点和立意是否准确，期刊编辑也需要对其认真审读。

对稿件的政治性和思想性审读，首先要看稿件的政治立场和学术观点是否正确，稿件的政治和思想正确，是最基本的要求。这是由中华人民共和国编辑出版事业的性质和任务决定的。至于稿件思想性的强弱，则不同的期刊会有不同的要求。当然，一个稿件，思想性强比思想性弱要好，因为思想性强的稿件，对读者的启发意义应该更大。可是，一些生活类的期刊对稿件的思想性可能要求就不会那么高，而是更注重稿件的娱乐和欣赏价值。所以，我们没有必要对稿件的思想性做机械的要求，而是应该根据期刊自身的特点来判定。

（2）对稿件的学术性审读。应该说，稿件的学术性涵盖的内容很多，其思想性事实上也是学术性的问题之一。这里所指的学术性，主要指的是学术要具有科学性，科学要具有正确性，而事实要有准确性等。

首先，稿件的学术性要求其在学术上是科学的，要排除一切以学术面孔出现的伪科学和不科学的内容。审读稿件的科学性，主要从三个方面：第一，要看稿件的论题是否科学，论据是否充分，论证是否合理，论证过程不允许歪曲和割裂事实，对事实断章取义，对证明探索类的稿件尤其需要关注这一点。第二，要看稿件是否比以往的研究提出了更多的新材料、新论据，或者即便是没有新论据，但对旧论据却有了自身更新的论述等。第三，要看稿件是否提出了较以往研究科学合理的新观点。稿件的创新性要求是期刊的一般要求，一篇稿件的学术价值高低也恰恰取决于其是否有新观点。当然，对学术性期刊、普及性期刊等不同性质的期刊，对稿件学术性高低的要求是不一样的。

科学是否具有正确性，指的是稿件的内容从科学的角度看是否正确。比方说，科学上已经证明永动机是不科学的，如果稿件还在宣传永动机的有关事情，那么它就没有科学的正确性。

事实是否有准确性，也是一篇稿件是否拥有科学性的重要方面。审读过程中，要注意三点：第一是过于浮夸。比如，过去宣扬"人有多大胆，地有多大产"即是浮夸的表现，当然，现在这样的例子已经很少见了。可是，夸大某个研究成果的价值和意义的现象却随处可见。比如，报刊宣传经常能够看到"达到国际先进水平""填补了国内空白"等，这些话可能有的是事实，可是不是就是浮夸呢? 对这些，期刊编辑在审读的时候是有必要确认，要确保稿件的文字表述准确、科学。第二是绝对化。如果把观点表述得绝对化，就会失去科学性。金无足赤，人无完人，绝对化就会走向其反面，变得不科学、不准确了。真理也是相对的，没有绝对的真理，讲真理绝对化就不是辩证唯物主义，而是形而上学的了。第三是把传闻看作事实。这也是稿件中经常看到的错误，编辑在审稿中要对此保持警觉。

（3）艺术技术性。一般说，说到艺术性，人们就会想到文艺作品。应该说，对于文艺作品，不管其思想性多强，假如它表现出来的形式没有艺术性，那就不是一篇好的文艺作品。不仅仅是文艺作品需要艺术性，即使是社会科学和自然科学类的稿件，也需要艺术性。当然，对于以思辨性见长的社科和自然科学期刊，不能以文艺作品的艺术性来同等要求，而是应根据其自身的特点，把稿件写出艺术性，不仅可增强说理性，而且还可增强可读性。

另外，不管是对自然科学学术性期刊，还是对社会科学学术性期刊说，必须审核其逻辑性和学术性方面的问题。如果稿件逻辑混乱，或者参考文献、图表、标点符号等技术性方面有问题，就会对稿件的质量造成影响。逻辑混乱就很难阐述清楚要表达的观点，甚至让人得出与其要表达的观点完全相反的结论。参考文献、图表、标点符号等技术性方面存在问题，不仅影响稿件的形式美感，也同样会对稿件的观点表达产生负面影响。因此，编辑在审稿时，对这些问题都要特别注意。

上述论及的稿件的外部关系和自身质量六个方面的问题，是期刊编辑审稿时要注意的主要内容，但并不是全部内容。这些主要内容对所有期刊都通用，可是对不同性质的期刊，还是各有其不同的特点的。六个方面共存于每一篇稿件中，却并不是孤立的，彼此之间是有关联的。所以分开论述，只是为了分析方便。总之，审稿是一个技术性很强的工作，需要期刊编辑对稿件综合各方面因素，最终给出理性的综合判断。

三、审稿方法

期刊稿件一般采取的是三审制。三审制不仅体现了审稿工作的严肃性，也可以保证审稿质量。三审制，一般是指：编辑初审，编辑室主任复审，主编终审。因为各期刊编辑部的人员、结构等情况各有不同，有的不设编辑室，但有编委会，则由主编复审、编委会终审，或者反过来进行。

三审中，编辑的初审是基础性工作，初审编辑要对稿件全面地审读，提出理性的评价、建议，以及是否采用的处理意见。初审意见要简明扼要，不能模棱两可，如果有疑问，可提出来。复审是在全面阅读稿件的基础上，对初审意见进行肯定、否定或补充。终审指在通读或抽读稿件的基础上，判断初审和复审意见、审核，并做出最终处理意见。

对于一些稿件，有的期刊社或期刊编辑部还会请外审专家审读，也是我们常说的外审，外审稿件一般包括下面几种情况：政策性比较强的稿件，编辑把握不准时，要请外审；学术性很强的稿件，编辑无法看懂；编辑审读不了、无法做出刊用与否的稿件。

除了将整个稿件送审，有时也可以就某个或某些具体的问题请求外审专家审读。外审只是三审程序的一个补充，不能取代三审中的某一审次，外审意见也只是提供给期刊社或期刊编辑部作参考，稿件的最终处理意见，还是要由期刊社或期刊编辑部自身做出。为了高质量地审读稿件，期刊编辑必须不断地提升自己的编辑素养，拓宽自己的知识宽度，并不断总结审稿方法和技巧。根据自身的审稿经验，提出如下的审稿方法，以供同行参考借鉴。

（一）综合法

综合法就是全方位地对稿件审读的方法。全方位，一方面是指要微观、宏观共同进行，另一方面是指要从不同的角度对稿件进行审核。

审稿时，必须逐字逐句地进行，连一个标点符号也不能错过。这种从微观着手的审稿态度是最基本的审稿要求。如果审稿时，做不到逐字逐句，而是一目十行的话，有些问题就发现不了，就无法对稿件做出正确判断。当然，对于一些质量很差的稿子，一眼就能看出优劣，也就不必这样逐字逐句地去审读了。

可是，如果逐字逐句地去审读稿件，只是从微观处着手的话，就有可能只见树木，看不到森林，而无法对稿件有整体的恰当的判断，从而就有可能捡了芝麻，丢了西瓜，进入审稿误区。

综合法审稿要求审读时要从微观着手、宏观着眼。也就是说，不仅要一字一句地审读稿件，同时还要把稿件的整体框架装在脑子里。也就是说，既要看到细枝末节，又要顾及稿件整体；既要见到微观，又要想着宏观。

综合法审读稿件，一般采用先粗看一遍稿件，大体把握稿件整体状况后，再逐字逐句地细读，就能更好地把握稿件，并对稿件情况做出客观判断。

综合审读，是要对稿件进行不同角度的全方位的审读。才能全面客观的判断稿件，并在此基础上做出取舍。

（二）分析法

分析法是指在审读稿件的时候边读边从纵横两个方面进行分析。分析的内容主要包括：稿件的主题——主题是否合适、其意义何在，意思表达是否充分透彻；稿件的论点——论点是不是明确，论点的科学性怎样，是否有创新点；稿件的论据——论据是不是可以充分证明论点，其可靠性怎样；稿件的结构——要分析稿件的结构是不是严谨，是不是有层次，等等。

用分析法审读稿件，要求编辑一定要客观冷静，要理解作者为稿件付出的辛勤劳动，要看到稿件的长处和优点，同时，又要有冷静的分析，带着评判的思维去发现稿件的不足，并对稿件提出建设性的修改意见。

（三）比较法

期刊编辑审稿的时候可采用微观比较和宏观比较两种方法。

微观比较既可以是稿件本身各部分之间的比较，也可以是与同学科的其他性质相似或不同的稿件的比较。通过稿件自身各部分之间的比较，能够发现稿件各部分之间的内容安排和分量安排是否合适等。而和其他性质相同或不同的稿件的比较，能够判断稿件的优劣和质量状况。稿件有没有创新性，是需要通过这种比较才能确定的。

宏观比较指的是和不同学科的稿件的比较。宏观比较能够突破学科范围，利用其他学科的观点、理论等来增强对稿件判断的准确性。比如，一篇稿件提到的观点、方法，可能在其所在的学科是新的，但在其他学科可能就已经有过。在这种情况下，期刊编辑就不能推断其为新观点和新方法，而只能算是一种方法和观点嫁接，虽然嫁接的价值和意义也很大，但和创造本身还是有区别的。另外，在宏观比较中，期刊编辑还可以拓宽思维，这对审稿也是大有裨益的。

一般说，由于时间和精力有限，期刊编辑在审稿的时候无法大规模地宏观比较，只有在非常必要的情况下，才能做这种宏观比较。

（四）区别法

审读稿件时，如何在性质不同、大小不同的一大堆问题中，很快地区分、判断和处理好这些问题，需要用到区别法。将稿件的问题按照类属区分开，然后再加以分析处理，是相对科学的审稿方法。

第一，要把不同性质的问题区别开来。问题的性质不同，处理方法就不同，如果不加以区分，眉毛胡子一把抓，就会造成失误。比如：政治问题是政治问题，学术问题是学术问题，二者必须区分开来，如果将学术问题用处理政治问题的方法来处理，就会违背"百花齐放、百家争鸣"的方针，对学术发展肯定不利。反过来，将政治问题用处理学术问题的方法去处理，就有可能导致出现政治错误。再如，原则性问题和非原则性问题也要区别对待，原则性问题是必须修改的，如果不改，稿件可能就无法刊用；而非原则性问题则不同，作者同意修改最好，不同意修改，也还是可以根据具体情况考虑是否刊用。二者处理方法完全不同。

第二，要把大小不同的问题区别开来。处理问题的时候，不仅要区分问题的性质，还要区分问题的大小。性质相同的问题，会因其大小的不同而有不同的处理方法。贯穿于稿件头尾的问题是全局性的问题，这样的问题很难通过一般性的修改来解决，只有弃稿或者重新写；而存在于稿件某处的问题，一般说是局部性的问题，这样的问题略加修改就可以解决。局部性的问题就算是政治性的问题，解决起来也不困难。把问题的大小区分开，就方便采取处理办法了。

另外，还要特别区分一些似是而非的问题，以免造成对策失误。

（五）多维法

多维法指的是用多维度思维的方法审稿。

多维度是相对于单维度而言的，单维度思维是一种封闭式思维，其思维角度、思维逻辑、思维指向、思维结果都是单一的。而多维度思维则不同，它是一种网状思维，其思维角度、思维逻辑、思维指向、思维结果都有多种。多维度审稿方法不仅能够提供更多的选择，并且能够促进思维的能动性作用，充分发挥出编辑的主观能动性。一般来说，编辑审稿的时候，很容易形成一种思维定式，从而不自觉地陷入单维度思维中，并进而使编辑做出惯性的判断，不利于发现和扶植新事物，以及期刊创新。而用多维度方法审稿，就能突破这种思维定式，从而更好地去创新和创造。

第三节　稿件的修改和加工

一、修改和加工的必要性

（一）稿件的修改和加工

期刊编辑到底是不是应该对稿件修改和加工？对这个问题，也是有不同意见的。一般说，作者对期刊编辑对其稿件的修改持反对或不喜欢的态度，作者的这种态度和心情是可以理解的。但是，对期刊编辑说，发现稿件有问题甚至错误，假如不做修改，就是失职，对社会、对作者、对读者就不是一种负责任的态度，对自身的编辑工作也不是一种负责任的态度。当然，编辑有修改权，并不是不管需要不需要，对所有稿件都做修改，而是只能对需要修改的地方做修改。有些稿件根本不需要修改，而只是稍做加工即可，有的甚至连加工也不需要，比如，对一些法律、法规、文件等就不能做任何修改和加工。一般说，多数稿件还是需要编辑的修改和加工的，只是程度不同而已。

（二）编辑对稿件进行修改和加工的客观依据

编辑对稿件修改和加工，不仅是其工作职责，而且也是稿件的客观要求，稿件有修改和加工的需要。一般表现在四方面。第一，一些稿件在思想性、科学性等方面存在问题，这些问题不至于到拒稿的程度，但却严重影响稿件的质量，对这样的问题，期刊编辑就必须修改，而不能将带着问题的稿件推送到读者面前。第二，有的稿件可能没有观点、思想等问题，但如果存在文字拖沓、问题阐述得不清楚等问题，也需要编辑删改，才能突出主题，使稿件文字更顺畅，内容更有说服力，论述也更充分，可读性更高。第三，有的稿件选题可能很好，但论述的逻辑性或艺术性可能有问题，如果不对这些问题修改，也会影响稿件的质量，甚至会因此而无法刊用，这就要求编辑对问题修改，以提高稿件质量。第四，还有的稿件可能存在文字、标点等问题，或者存在一些技术性的问题，比如公式、图表、格式规范等有问题，也许这些问题相对于科学性、思想性、艺术性等问题是小问题，但小问题也不可小觑，必须对之修改和加工。

一般说，一个稿件中总是或多或少存在上述几方面的问题，没有一点问题的几乎不存在，即使是专家的稿件。几乎所有的稿件都存在需要修改和加工的各种问题，这就从客观上决定了必须对稿件修改和加工。

另外，对稿件修改和加工，不仅仅是稿件本身的需要，也是培养作者的需要。为社会培养能写作的人才，对期刊，也是一项重要的任务。一个期刊刊发一名新作者的稿件，本身就是对作者的培养，如果再对其稿件修改和加工，就更是对作者的培养和提携了。作为作者，对编辑修改过的稿件，要反复对照查看和学习，从中发现自己需要提高和改进的地方，以便在以后的写作中吸收和借鉴。长此以往，作者的写作水平一定会有大的提高。可以说，编辑对稿件修改和加工，不仅可提高稿件本身的质量，对作者的写作水平提高也大有裨益。

（三）作者修改与编辑修改

上边论及的均是为什么要对稿件修改和加工。在确定稿件需要加工和修改后，就要确定由谁来对稿件修改和加工。事实上，稿件的修改和加工工作，编辑可以做，作者也可以做。一般说，编辑如果觉得稿件需要修改，就把修改意见给作者提出来，由作者根据编辑意见修改和加工，如果需要修改的地方比较少，且比较简单，那么，编辑修改就可以了。书稿的编辑加工一般会这样做。具体到期刊，由于期刊是定期出版的刊物，有时候定稿后，再通知作者修改可能时间会来不及，这时候，可能就需要编辑修改和加工。当然，根据《中华人民共和国著作权法》的规定，编辑对稿件进行修改和加工，需要征得作者的同意和授权。

一般说，期刊在稿约中都会声明对稿件有删改权，而且也会提醒作者如果不同意删改，要在投稿时声明。没有声明不能删改的稿件，就等于作者把删改权授权给了期刊。如果时间足够，编辑在审稿中发现稿件的问题后，可以给作者提出来，让作者修改和加工；如果时间紧张，修改和加工工作就需要编辑来完成，这也是期刊需要作者授权删改的重要原因。在长期的编辑实践中发现，一旦定稿进入出版周期，时间就会比较紧张，稿件完全交给作者修改和加工来不及，必须由编辑来完成大多数修改和加工工作，这也是编辑的重要工作之一。

对稿件的修改和加工，其实是审稿工作的延续。修改和加工一方面可以解决审稿过程中发现的问题，另一方面，又可进一步发现审稿过程中的疏漏和不足。因为，审稿时往往会把精力放在一些重要的问题上，难免会顾此失彼，或因大失小，都可以通过修改和加工工作来弥补。

二、修改和加工的内容

（一）修改和加工的原则

作者把删改权授权给期刊编辑，并不是说编辑就可以任意按照自己的意思对稿件修改和加工。期刊编辑对每一篇稿件的修改和加工都必须严肃认真，否则，就可能辜负了作者的信任和授权，而糟蹋了稿件。现实中，有些作者对期刊编辑的修改和加工很反感，很大程度上都是由这种不认真负责的修改和加工招致的。一个认真的作者，在写稿子的时候，一定会认真推敲，反复琢磨的，他所以这样写不那样写，肯定有他的道理和目的，期刊编辑在对稿件修改和加工的时候，一定要认真体会作者的想法和目的，尽可能根据作者的原意修改和加工，而不可自己认为怎样就怎样。修改和加工工作是一件需要细心和耐心的艰苦工作，不允许有任何粗心和大意。

期刊编辑对稿子修改和加工，需要坚持三个原则。

第一，必须改的一定要把它改好。有些问题必须修改，这样的问题不仅要改，而且必须改好，绝对不能不改或者改了但没有改好。修改了，但没有修改好，可能会造成原来的错误没有改过来，又出现新的错误。因此，必须修改的地方不仅要修改，并且必须要改好。

有些编辑对必须修改的地方也不修改，这种现象一定要坚决杜绝。造成这种现象的原因可能是：编辑不负责任、偷懒，或者顾及作者的面子等，把有错误的稿件原封不动地刊发，就等于放弃了编辑的职责，不仅影响期刊的质量，对作者本身的成长无益，而且也是对读者和社会的极端不负责任，是绝不能容忍的。

第二，不是必须要修改的就一定不要修改。不是必须要修改的就不要修改，这看似是不言自明的事情。可是，有的编辑却偏偏要修改，其实，这种看起来"责任心强"的行为本身是错的。即使是出于所谓的"责任心"，也是一种不好的倾向。

第三，可改可不改的地方不改，这一点其实很重要。稿件是作者写的，保持作者所写稿件的本来面目，就是对作者劳动和作者本身的尊重。编辑要修改的只是稿件中有问题、有错误的地方，对于可以修改也可以不修改的地方，也就是说对于没有问题和错误的地方，就不该修改。这往往是编辑比较容易走入的误区，编辑经常会出于把稿件修改得更好的"好心"，把可改可不改的地方根据自己的喜好修改。可事实上，编辑以为改得更好了，而作者却并不一定这样认为。因为每一个作者都有自己的语言习惯和行文方式，这种习惯可能和编辑不同，但并没有优劣之分，编辑修改的地方，作者看着也可能会觉得别扭。

仅有以上三个修改和加工原则还不够，还需要每一个编辑都拥有认真负责和谦虚谨慎的态度。

（二）修改的内容

一般说，修改和加工是分不开的，修改中会有加工，加工中也会有修改，因此，我们常常会将二者合在一起说。为了方便论述，这里所说的修改，指的主要是稿件内容方面的问题；而加工指的主要是关于稿件形式方面的问题。

稿件的内容修改是非常重要的，它涉及的方面很多，由于稿件的不同而不同。主要涵盖的是思想性、科学性和学术性等方面的问题。

稿件的思想性，尤其是政治性方面的错误，是必须修改的。审稿后进入修改和加工程序的稿件，一般就是决定要刊用的稿件，所以从稿件的整体说，其思想性和政治性一般是合格的。之所以还要对这方面的问题修改，一般说应该只是局部方面存在问题，例如，可能个别观点和论述有问题，或者个别的提法不妥当等。对思想性和政治性问题的修改，一定要字斟句酌，慎之又慎。政治就是高压线，不允许出现半点问题和错误。

科学性和学术性方面问题的修改，一般说也是局部的。即使是学术价值很高的稿件，其局部也难免存在学术性或科学性问题。对稿件学术性问题的修改也应该慎之又慎，实在不能确定的学术性问题，要向专家请教，编辑本身不能想当然，不能拿自己的认识和观点去统一稿件的认识和观点。稿件中的认识和观点只要能言之成理，编辑就要尊重。也不能拿以往的学术观点为依据随意删改稿件中言之成理的个人创见，因为，期刊存在的价值之一就是要为科学的不断突破和创新提供舞台和开辟道路的。

科学性方面的修改还包括对稿件中涉及的事实错误进行的修改，这个事实既包括历史事实，也包括科学事实，如果涉及这些事实方面的内容有不准确或不够准确的地方就要修改。例如，有的稿件中写牛顿在苹果树下躺着的时候看见苹果从树上落下来，就发现了万有引力定律。这件事显然是违背科学规律的。因为每一项科学发明都不是偶然的，都是对前人科学研究的继续，万有引力定律的发现，自然也不会是看到苹果落地而灵机一动的结果。对类似这样的问题和事实的判断，需要编辑开动脑筋，认真思考。

另外，还要修改学术不端方面的问题。这是极易被忽视的问题。存在严重学术不端的稿件不能刊用，对个别地方存在学风不正和学术不端的稿件要修改。稿件中的学术不端有各种各样的表现。比方说，把别人的观点据为己有，又不在稿件中说明观点是引用的，让读者误以为就是其本人的观点，这就是严重的学术不端。这种情况在稿件中很常见。在稿件中贬低、贬损他人的观点，这也是必须删改的地方。学术不端和学风不正对学术的健康发展非常不利，期刊编辑在稿件中遇到这样的问题，一定要引起重视，能改则改，不能改的坚决不能刊用，这对于防止学术不端，倡导健康的学术风气，以及树立期刊的形象和格调，都是大有裨益的。

（三）加工的内容

和修改内容相比较，加工的对象主要指的是较小的和简单的问题。修改的目的在于改正错误，而加工的目的则是进一步提高稿件的水平。稿件需要加工的内容主要包括结构和文字等技术性的问题。

对稿件的结构进行加工，主要是指对稿件的结构进行调整和净化。

稿件结构混乱，逻辑性不强，是审稿过程中经常遇到的问题。对于已经进入修改和加工程序的稿件，结构方面的问题应该不会太严重，即使有，一般也只是局部的，不会整个稿件的结构都有问题。比如，对一个观点或问题的论述，分散在稿件的不同位置，或者前后有重复之处等，对这种情况，我们就应该调整文章的结构，使其更清楚和简洁。再比如，有的稿件的论述不条理，结构比较混乱，遇到这种情况，就要调整稿件各部分之间的次序，使稿件的层次更分明，条理更清楚。另外，还有的稿件在论述一个观点的时候，中间插入了很多无关的内容，显得结构很不紧凑，针对这种情况，需要做一些结构调整的加工工作——结构的净化。这是对稿件加工的过程中经常遇到的一个工作，这个净化工作需要把稿件中和稿件要论述的与主题无关的内容删减掉，从而突出主题。

对稿件的结构调整和净化，不仅可以使稿件结构更加紧凑有序，而且可以使其更加清晰和严谨。稿件结构的调整和净化对于稿件质量的提升有着非常重要的意义和价值。

　　对稿件进行文字性的加工，更是经常性的工作。文字加工主要包括修改错别字和标点符号，对语句不顺畅的也要加工修正。有的是生造词或成语错用，后者在现在的稿件中尤为多见。如"按装"应为"安装"，"布署"应为"部署"，"完璧归赵"应为"完璧归赵"，"淡薄名利"应为"淡泊名利"，"兴高彩烈"应为"兴高采烈"等。词语搭配不当也是经常见到的现象，例如"减少了一倍"中，"减少"与"倍"搭配不当，应当改正为"减少了一半"。语句不通顺的如"荣获省优产品"，"获"的宾语不能是"产品"，应为"荣获省优产品称号"。错字、别字、缺漏字和标点符号等方面的错误，在对稿件加工的时候要一一改正。

　　技术性的加工，在自然科学期刊的稿件中，相对比较多，社会科学期刊的稿件中当然也有。比方说，人名、地名、译名等的统一，就是各种类型期刊的稿件中都存在的。技术性加工的主要内容包括：第一，注释和参考文献的校正。应该对稿件中注释和参考文献错误的地方进行校正，确保它们准确无误。第二，规范化的加工。目前，针对期刊国家出台了各种各样的标准和规范，对稿件中不符合规范和标准的地方，都应进行改正。比如：参考文献著录规范、计量单位的规范化、数字的规范化等，只要是有规范和标准的，就都应该按照规范和标准的要求进行加工和改正；即便是没有规范和标准的，也应该尽可能按照一个标准和模式在整个期刊中进行统一。第三，其他技术性的加工。主要有：稿件中的图表及其说明、稿件中前后不一致的地方等。

三、修改和加工的误区

（一）修改稿件的观点

编辑的工作是很繁重的，需要采取严肃认真和谨慎谦虚的态度，否则就很难做好修改和加工工作。

编辑要做的只能是编辑工作，能帮助作者完善稿件，提升稿件质量，但不能做本该由作者来完成的工作。期刊编辑对作者稿件的修改和加工，和老师对学生作文的修改是不同的，编辑应该清楚地知道这一点。

编辑修改和加工稿件时，最大的误区是修改稿件中作者的观点。作为一个编辑，是绝对不能修改作者的观点。观点代表了作者对问题的看法，是稿件的生命，编辑假如修改了作者的观点，也就谈不上是作者的稿件了。假如编辑认为稿件中的观点有问题，可以建议作者对此修改，如果作者不接纳编辑的意见，编辑可以拒绝采用稿件，但不能就观点自行修改。当然，如果和作者就观点修改问题达成了共识，在作者同意编辑修改的情况下，编辑也可以修改，但修改后，最好让作者过目并认可。一般说，如果是政治性观点方面有问题，修改意见是比较易于与作者达成共识；但如果是学术性观点的问题，达成共识就比较困难。所以，对稿件中的学术观点，更不能随意修改。

总之，对稿件中的观点以及会影响到稿件观点的修改，都不宜由期刊编辑来进行。编辑对观点修改，就会进入误区。

（二）胡乱删改

胡乱删改，主要是指对不应该删改的地方，或者可改可不改的地方，随意进行删改。

比如，稿件的原文是："这哪能行呢！"编辑将其改为："这不行。"

这两句话意思一样，根本没有必要去做修改。而且，原句是反问句，这是为了语气的需要，编辑修改后的句子成了陈述句，没有了加重语气的成分，不仅不如原来的句子有分量，而且还把作者的行文风格给破坏掉了。

还有的编辑把作者本来顺畅的句子修改得不通顺了，或者把作者的意思修改了，变得不再是作者要表达的意思。

事实上，不要说不该删改的地方不要删改，即使是对于必须修改的地方，修改的时候也要十分慎重。修改稿件一定要多动脑子，认真对待，绝不可大笔一挥，随意修改，把本来不应该删改的删改了，而应该删改的又删改得不得当。

对稿件进行删改的时候，一定要注意几点：

第一，要注意稿件的整体性。对稿件的某一句修改时，绝不可就这一句来修改，而应该顾及稿件的前后乃至整篇稿件，只有这样，删改的稿件才不至于突兀、不得当。

第二，一定要注意稿件的逻辑性。稿件中有的文字，乍一看似乎可有可无，但仔细看会发现，它们有承上启下的连接作用，对整个稿件的逻辑性有着非常重要的价值，因此，对这样的文字就应该保留，而不应该删掉。另外，有的连词、介词、助词等在稿件的句子中也是有其作用而不可或缺的，对它们随意删改，就可能导致稿件失去了文采。

第三，一定要注意稿件前后内容的相互照应。一般稿件或多或少都会有前后相互照应的地方，甚至有可能有因果关系，修改的时候，不能将一处修改了，而忽视了与其关联的另一处，从而导致连贯性变差，甚至自相矛盾。

（三）破坏稿件原有的风格

修改稿件时，还要特别注意修改后的部分要与稿件本来的风格保持一致。对稿件修改和加工就好像对破了的羊绒衫织补，不仅要把破了的地方织补好，还要确保纹路和花色与原来的一致，否则，还不如不织补。总之，编辑不能按照自己的行文风格和表达习惯而对作者的稿件随意修改。

编辑在修改和加工稿件时，不但要确保修改后的语言特色和原稿件保持一致，还要确保稿件的整体风格与原来保持一致。假如原稿件是充满幽默感的，修改的文字也应该充满幽默感。如果修改后的文字干涩乏味、没有幽默感，就又如黄色的羊绒衫用蓝色的线进行织补了，就失去了稿件的协调和统一。如果这样的修改，反不如不改的好。

第四节　期刊的校对和出版

一、校对

（一）校对的作用

校对，指的是核对排出的稿子和编辑稿。校对工作就是要消除排版的缺漏、错误以及其他不完善的地方，确保其不会在印刷出来的刊物上出现。这些缺漏和错误，一般说指的是文字和标点符号等方面的缺漏和错误；不完善的地方主要是指排版方面的不完善。

在图书出版中，编辑和校对工作一般说是分开的，会有专职的校对人员负责对书稿的校对。但期刊却不同，它们往往是由编辑同时兼做校对工作，采取编校合一模式。

由于编辑不仅有很高的业务水平，也有很扎实的文字功底，所以，由编辑兼做校对工作，对稿件的编辑出版是非常有好处的。再加上编辑通过对稿件的前期处理，已经熟悉了稿件，校对时更是可驾轻就熟。同时，编辑在校对过程中，还可以很方便和及时地处理排版过程中出现的问题。可是，编辑兼做校对，会分散编辑的精力，加重他们的工作负担。同时由于他们过于熟悉稿件，有时反而容易造成校对时的疏漏。这是编辑兼做校对的不利方面。

校对看似只是为了保证排出的校样符合编辑稿，不会给期刊增添什么新东西，价值似乎不大。然而事实上，如果没有校对，出来的刊物可能会错误百出，而一本错误百出的刊物，肯定不可能准确地将信息传递给读者。例如，把"不是"漏掉一个"不"字，就会产生完全相反的意思；而如果把"美国"错写成"英国"，就把英国的事情变成美国的了。可谓差之一字，意义大变了。因此，校对有助于期刊准确地传递信息，对于期刊质量的提升和作用的发挥具有非常重要的作用。

（二）校对的任务

校对的作用决定了校对的任务：校对就是要消除校样上缺漏、错误及不完善的地方。

尽管根据编辑稿排出的校样不一定就会有错误和疏漏以及不完善的地方，但实际的工作中会发现，排版过程中不出现错误的情况几乎不存在。因为，不仅排版会有问题，即使编辑稿也会有问题。这就决定了校对工作的必不可少。一般说，现在作者投稿都是通过网络投电子版的稿件，很少有人投纸质版的稿件了，编辑修改稿件一般也是在电脑上，所以，校对工作主要是针对排版错误进行，也就是要消除排版错误。排版正确与否，判断的依据是编辑的编辑稿。常见的排版问题包括：标题排法、字体、图片及其说明、页眉、页脚、字行间距等。原则上，校对对编辑的编辑稿负责，如果在校对过程中，发现编辑稿本身有问题该怎么办？这就分两种情况，编校合一的情况比较好处理；如果是专职校对，校对也不能置之不理，而应该提交给编辑来处理。

第七章 期刊的文字编辑加工

任何受到读者喜爱的期刊，都同时具有内容和形式的双重美，不仅装帧设计让人赏心悦目，更重要的是文章内容能引起读者的共鸣，编辑质量经得起考验，这就离不开期刊的编辑加工。编辑加工工作是其他环节不可取代的，恰到好处的编辑加工，可以使得原稿内容锦上添花，加工不当则会弄巧成拙，甚至会破坏原文的格调、伤害作者的感情。

文字编辑加工与物质产品加工有本质区别，一般物质产品加工往往是将物质原材料经过一定的工艺流程来改变其性状，使其成为另外一种物品。而编辑加工是在原有作品的制约下进行的一种适度的修改和加工活动，目的是在不损伤原作品的基本面目的前提下提高其质量。编辑加工是出版流程中不可或缺的核心部分，它是在尊重原作的基础上对将要出版的内容适当修改，使其更加"适于传播"或者"易于阅读"。编辑加工的最高层次是顺理成章、点石成金、锦上添花。

第一节 编辑加工的意义

一、编辑加工的目的和意义

所谓编辑加工，指编辑人员以对读者、作者、社会负责的态度，在相关法律法规与职业道德的约束下，按照出版要求、编辑规范、国家标准与读者需要对原稿的修改与整理，以保证出版物的质量、为出版物的社会传播做准备。期刊文章经过审读后，如果决定采用，编辑就要根据审读意见编辑加工。对期刊文稿编辑加工，目的是为了消除文字差错、弥补文稿中的不足、提高文稿质量。编辑之所以要对来稿和组稿编辑加工，是为了对社会和读者负责，也是为了满足文稿本身的需要。

在编辑加工的过程中，编辑人员可以发现一些审稿时忽略了的文稿瑕疵。例如常见的语病、错别字、搭配不当、行文不够通顺等技术性失误。上述这些问题虽然不是原则性失误，无关文稿本身的总体质量，但是同样不容忽视。对期刊文稿进行编辑加工的另一个重要意义在于，通过帮助作者修改文章，提升作者的写作水平，培养作者。作者通过阅读编辑修改过的文稿，可以看到自己的不足之处，还能学习如何提高自己的写作技能。只要有心，作者便能从编辑的修改中获得启示、得到提高。期刊编辑加工的意义和重要性在学术期刊出版中体现得尤为突出。非英语为母语国家的科研人员想要在以英语出版的国际学术期刊上发表文章，不得不面对语言障碍。这时，一位优秀文字编辑能帮助作者打磨语言，使其科学发现得以第一时间被全世界同行读到。

二、编辑加工和审稿的区别

审稿与编辑加工是编辑过程中的两个环节，审稿是编辑加工的基础，编辑加工是审稿的延续。没有经过审稿环节的编辑加工可能是徒劳无功的。只有经过审稿，确定能被出版的稿件方才进入编辑加工环节，由责任编辑对其编辑加工。同时，审稿和编辑加工的目的都是为了提高稿件质量。

编辑加工与审稿具体有几个方面的差别：从工作任务看，审稿的主要任务是从大处着眼，不会细致到细微差错；而编辑加工则是从小处着眼，旨在发现并修改审稿过程中忽略的细微差错以及其他差错。从目标看，审稿决定了文稿的取舍；编辑加工则为了完善稿件。从着眼点看，审稿从宏观着眼，编辑加工从微观着眼。从宗旨看，审稿意在发现稿件的优点，选择符合刊物性质与出版宗旨的稿件，文稿加工旨在修改已经符合刊物性质的稿件以达到出版标准。从主体看，审稿主要由主编、责任编辑或者社外专家完成，编辑加工主要由专门的文字编辑或者责任编辑完成，一般不由社外人员承担。

三、文稿编辑的必要性

当文稿通过审稿环节以后就进入加工修改流程。通过审稿环节的文稿，并不是完美无缺的稿件，可能存在或多或少的瑕疵和不足。修改加工的目的就是消除这些瑕疵和不足，改进文稿，使之达到出版的要求。因此，稿件加工是编辑过程中必要的一环。

从本质上看，文稿的编辑工作分为两部分，一是修改、二是加工。修改往往是指较大、较重要的变动，大多是根据审读意见提出的。而加工是指较小的、不太重要的变动，大多是修改过程中发现的问题。只有经过修改和加工的文稿，才具有出版的质量保证，才能符合出版需求。

第二节　　编辑加工的方法

一、文稿处理方法

一般说，修改文稿的工作首先由作者自己做。收到修改过的文稿后，责任编辑应该重新审阅，这是为了保证出版质量必须进行的一项工作。只要在时间允许的情况下，修改文稿都应尽量由作者做，但如果文稿只是存在少量简单的错误，在时间紧迫的情况下，可以由编辑和高级编辑加工和修改。它是防止文稿错误的最后一道防线，可以避免期刊出现非常低级的文字错误、事实错误或者可能引起的版权争议。一般而言，面对文稿中存在的确实不妥之处，编辑可以采用如下方法处理。

①请作者自己修改，如果文稿中错误比较明显，编辑应该指出并请作者自己修改。若文稿中仅有些观点和事实不妥，编辑可与作者协商修改。

②不采用稿件，如果编辑对文稿中的内容存在异议，作者又无能力修改完善，或者不愿意与编辑沟通，编辑可以直接退稿。如果文稿的主旨存在较大问题或违背刊物出版宗旨，编辑无力修改或不必修改，可直接拒稿。编辑人员在审稿过程中应该坚持自己的原则和刊物的一贯水准，拒收"人情稿"，减少以后环节的工作量。

③在作者授权，并且有明确的证据的条件下（例如作者委托编辑修改的授权书），编辑可以根据作者意见代为修改，编辑后的内容应该让作者过目。但在修改过程中应该坚持文责自负的原则，编辑毕竟不是作者，只能对文稿加工润色，不能改动原稿的本意。

期刊作为一种时效性较强的出版物，与图书相比，编辑加工过程较短。在实际操作中很难允许多次的审稿、编辑加工、修改返回。因此，在实际工作中，一般是审读、修改加工由编辑完成。除非特殊情况，通常编辑可以一并完成，再与作者沟通并征得同意。语言文字上的错误，编辑可以不事先征得作者同意，自行修改。这是由期刊出版的时效性决定的，并非不尊重作者。在操作中，期刊往往会在约稿信中明文规定"编辑部对来稿有删改权"，对此进行申明，以免造成不必要的误会和纠纷。

二、加工注意事项

在文字加工的过程中，编辑应该注意以下细节：

①意见要详细，针对文稿的缺陷和不足，编辑应详细地指出并给出一定的修改意见。例如，文稿中出现引文未交代出处、注释格式不规范等差错，编辑应与作者及时沟通修改，或请作者预先提交一份样稿以供参考修改。

②尽量让作者自己修改，这样做的好处一是避免误改，二是避免越俎代庖。作者毕竟是最了解写作意图和内容的人，修改的过程也是一个提高写作水平的过程。作者应该对自己的文字负责，编辑只是辅助作者对其文字进行加工润色，不能越俎代庖。所以编辑在发现文稿中的错误或者值得商榷之处时，正确的做法是标注出来，退给作者修改，这样作者才能进步，如果由编辑一手包办，直接在原稿中改过来，那么作者会在写作中越来越粗心。

③重要的退改意见力求一次提完。将文稿退给作者修改时，编辑应该把修改意见一次性交代清楚、详细。若反复多次对文稿提出主要修改意见，不但会影响工作进度，还会影响作者的心态，使作者产生反感心理，毕竟接受批评和意见不是件容易的事。

④退改回来的稿件，编辑应该再次仔细审阅，看作者是否按照意见修改，没有修改的地方应与作者沟通，了解没有修改的原因，同时还应指出文稿中的新问题。文稿加工正是在编辑与作者的沟通联系中不断完善，最终达到出版要求的。

第三节　编辑加工的原则

一、文责自负

文责自负是指作者对自己文稿的内容和表达形式负责，但这不等于编辑在出版工作中没有自己的责任，为了达到出版的专业要求，编辑必须尽到自己的责任，帮助作者修改文稿，消除文中的差错，并改进其不足，进而达到作者和编辑双方共同协作，完善文稿。修改加工作者的稿件虽然是编辑的权力，但编辑必须谨慎使用，尽量避免对通过审稿的内容大面积改动。特别是在没有取得作者同意的条件下，对文稿进行大量改动可能会拖延整个出版流程、引起作者不满。要把握好修改的度，必须做到文责自负。按照文责自负原则，编辑有权力要求作者改进文稿，但作者也有权力拒绝修改。双方意见存在冲突、沟通无效且作者不愿意修改的时候，编辑不能擅自修改文稿，但可以向主编请示作退稿处理。

二、保护作品完整

《著作权法》第十条规定："保护作品完整权，即保护作品不受歪曲、篡改的权利。"这就是说，不经作者同意，编辑不得对作品进行实质性修改。第三十六条规定："图书出版者经作者许可，可以对作品修改、删节。报社、期刊社可以对作品作文字性修改、删节。对内容的修改应当经作者许可。"编辑不能修改的部分包括作者的观点、作者的思路、作品的篇章结构和作品的论据。编辑可以修改的部分属于文稿的非实质性部分，包括：事实材料的订正、语法逻辑错误的订正、文字的润色、体例规格的统一。

三、编辑八忌

除了一些基本的原则，文字编辑加工还应注意一些"禁忌"，即根据长期工作经验，总结出来的注意事项：

（一）忌改文稿的观点和风格

文章的观点和风格是作者辛勤劳动的结果，是个人创造性的体现，也是最能体现作者的专业水平和文字风格的所在，编辑应慎重修改文稿的观点和风格，尽量不改。

（二）忌违反学科常识

期刊作者，尤其是学术性期刊的作者往往是行业内的专业人士，对于专业术语的把握常常比期刊编辑准确，编辑不能够按照自己的主观臆断，随意修改文中出现的专业术语，而应借助工具书与咨询专家，同时应努力提高自身学术修养与职业修养，避免出现"硬伤"。

（三）忌语病

语句通顺、没有语病是期刊文章质量的最基本要求，期刊编辑应具备基础的专业素养和文字功底。避免有时文稿用词欠妥，而编辑又没有认真细读，致使文章出现前言不搭后语，影响期刊质量的情况出现。

（四）忌错字别字

文字编辑应确保文章通篇无错字，这是最基本的要求。数字时代，作者写作基本上在计算机上借助文字软件完成，会出现一些拼写错误或字形错误，编辑应该及时而准确地发现这些错误，碰到没有把握的字词时，应主动查阅字典词典，切不可模棱两可。

（五）忌标点混乱

不规则地使用标点符号会造成语病，甚至严重误导阅读。编辑不仅应该熟知常用标点的标准用法，还应掌握一些不常用标点的用法，以备不时之需。例如，整段文章或诗行的省略，可以使用 12 个小圆点来表示，而不是通常使用的"……"；引号和句号放在一起时何种情况句号在引号内，何种情况句号在引号外也是容易出错的地方。编辑在面对这些不常用标点或容易疏忽之处的时候应格外注意。

（六）忌标准不一

对于数学计量、单位公式、标题符号、图表规则等需要标准核对的，编辑应注意，不仅对同一篇稿件前后应统一标准，对于不同稿件也应统一标准，避免混乱。

（七）忌引文不核

作者为强调观点的正确性和论点的可信度，往往在文中引用名人名言以及相关文献，编辑应确保引文的正确，多次核实。对于无法核实的引文，应主动向相关专家请教咨询。

（八）忌改后不校

文稿在经过加工之后还应该多次审查，以免出现遗漏，并且编辑必须认真对照修改处复核与校对，避免加工产生的失误。

第四节　编辑加工的内容

编辑加工的内容是编辑加工活动的客体和对象，可以从范围和考虑因素两个方面认识。

一、编辑加工的范围

（一）内容方面的加工——核对事实

拿到一篇文稿，编辑在第一次通读的时候就有必要对其中的事实进行核对，核对的依据是自己的常识和相关资料，比如工具书、参考文献等。出版社、期刊社应该准备一些必要的参考资料，以方便编辑核对文章中出现的事实。如有必要，编辑还要联系作者确认，对存在争议的内容，编辑可以从中剔除。如果有争议的内容十分重要，则由主编决定如何处理。核对事实常用的工具书有：字典、年鉴、地图、百科全书、数据库等。

具体而言，编辑应对以下事实做出核对：

1. 修改政治性错误

稿件极易出现因作者失误而造成的政治性差错，主要表现在：党和国家的方针、政策，党的政治理论观点，国内民族关系、宗教信仰、统战工作，港澳台问题，国际关系问题，地图中的国界问题等，编辑在这些方面应格外敏感，及时发现并改正错误。

在涉及地图、地理标志、国界线的插图编辑时，编辑需要特别敏感，有必要时求证专业人士或者查找国家标准、规范。

涉及民族、宗教选题的文章，编辑应该慎之又慎，不具备此类选题出版经验和资质的期刊社最好不要出版，可以建议作者改投相应的杂志。发现政治性问题是编辑的基本素养，这就要求编辑要加强学习，提高自己的政治敏锐性和丰富的知识储备。

2. 修改学术性、常识性错误

文稿中的学术新问题、常识性错误主要表现为：学术观点表达欠准确、不够清晰完整，或前后观点矛盾，出现知识性错误，数字、名称、图表出现差错等，编辑时应细心检查，必要时借助权威工具书及行业规范标准。涉及常识时，编辑不应当仅仅依靠自己的知识储备和个人记忆，应借助一些权威工具书，以避免因疏忽或者记忆不准确造成的错误。例如，地名的翻译可以借助《世界地名翻译手册》；有关数字的书写方法以及公式、运算符号、计量单位的书写及格式应根据国家颁布的相关行业标准，如 GB3100—3102《量和单位》、GB/T 15835—2011《出版物上数字用法》等；相关词条解释要借助《辞海》等专业工具书。

3. 核对引文

引文在文章中起到指明原文出处的作用，既是对所引用内容及原作者的尊重，也是作者严谨负责的态度体现。有时候，适当的引经据典还可以使文章锦上添花，增加文章的说服力。引文又是很容易出现差错的地方。因此，编辑应格外注意引文，对待编辑不太熟悉领域的稿件尤其应该细心。若编辑面对自己不熟悉的领域，无法确保引文核实的正确，可将稿件托付专业人士如刊物的编辑委员会修改。对于一些重要引文，比如马列著作，编辑人员不仅要在初校时修改，在之后的每一个流程中都要再三审查，因为在输入过程中可能会忽略一些不明显的引文错误，从而降低文章质量甚至误导读者阅读。科技期刊的引文有比较明确系统的著录规则，期刊编辑在文字加工时，应该特别留意所引用文献的形式是否符合通用规则。

4. 语言加工

编辑应该能够挑出语法错误、拼写错误、用词错误等，理顺语意含糊的句子和短语，使之成为可以理解的、可读性较强的文章。语言加工是编辑流程中最烦冗的环节，其主要任务之一便是使文稿达到语言规范的要求。编辑在文稿加工过程中要准确掌握语音、词汇和语法知识，认真推敲字、词、句、段，理顺全文的语言逻辑关系，删除空话套话，纠正错别字和不准确用词，修改病句。科技期刊的编辑，还应掌握一定的专业知识和外语技能，这样才能应对文稿中的语言问题。

（二）形式方面的加工

一本期刊的选材、行文、插图要求、表格设计、名词术语、符号数字、计量单位、标题层次设计、引文与注释、参考文献著录、编排格式要求，均需要按照规范化的标准处理，以达到统一。这一过程称为统一体例。统一体例的过程既烦琐又复杂，体现了编辑对文章形式的附加劳动。

一般说，期刊应该对其体例形式做出规定，并使作者在写稿前就了解有关体例的规范要求。编辑在加工稿件过程中，对于编辑体例应特别注意，出版物管理部门针对编辑体例已经颁布了很多相关标准条例，编辑人员应严格按照标准核对、加工体例，不能掉以轻心。符合编辑出版质量标准的文稿应该用词用语规范、无错字别字、标点符号正确、全篇体例统一、专业术语统一、计量单位统一、数字用法统一。而且要规范缩写、数字、大写、标点、名称、尊称、习惯性拼写等体例。参考文献是统一体例过程中最为复杂和琐碎的部分，文后参考文献的编排遵循国家标准 GB/T 7714—2015《信息与文献　参考文献著录规则》。

二、编辑加工考虑的因素

（一）内容加工考虑因素

对来稿编辑加工需要编辑具有专业知识和文化积累，同时要具备编校技能和一定的经验，以保证其在编辑加工过程中做好"把关人"，为读者提供高质量的出版物。对文稿内容加工需要考虑政治性、导向性、知识性和科学性四个方面的因素。

1. 政治性

对稿件中涉及的民族、外交、领土、宗教等问题，应当认真核对和把关。如下列情况：引用马列经典著作、党和国家的文件、国家领导人的著作和讲话，必须注意字句、标点符号要准确；涉及领土问题，不得把我国与台湾、香港、澳门等并列为国家，出现"中华民国"称谓的内容必须加引号；不能发表有违保密法规定的国家统计数字；对于各项国家政策，应该清晰表达，不能断章取义。

2. 导向性

图书、期刊文章出版的内容应该符合我国文化事业的发展要求，应该坚持正确的思想导向，避免低俗化的导向。这就要求编辑对于部分稿件的思想导向性和行文风格改造和修改，避免给读者带来庸俗和低级的导向。我国期刊的发展历史中，涌现了一批具有鲜明的导向作用的期刊，起到了阅读导向作用，例如《读者》杂志，坚持"真善美"的办刊理念，选稿、审稿、编辑加工环节都一丝不苟，严格按照满足期刊宗旨的要求加工，力求语言优美、主题深刻，给读者带来纯净的阅读环境。

3. 知识性

如果文稿内容中出现了知识性错误，如数字大小错误、度量衡错误、地理方位与事实不符、历史人物错误等，必须修改。修改这样的错误，可以参考国家出台的各种国家标准和行业标准。编辑应该掌握这些规范要求的内容，并熟练应用。

4. 科学性

科学性指文稿中出现的科学概念、原理、定义和科学引文与科学公式的正确性，名词术语的专业性和规范性，文章内各种术语的一致性，科学论文的参考文献的规范性，引用概念的准确性。学科不断地渗透和交叉，科学技术发展出现了高度分化与高度综合。新思想、新理论、新技术、新方法层出不穷，新问题也随之不断涌现。对科技文稿中科学性差错的防范，没有固定的模式采用，也没有现成的"标准""规范"可以遵循，只有凭借编辑人员主观努力，提高综合素质，增强识别能力。科学性加工直接涉及书刊的质量，所以，责任编辑应该慎重，有疑问的地方要同作者商量后再作改动，不能擅自修改。

（二）形式加工考虑因素

1. 文字性

文字问题主要表现为几个方面：章、节、段落结构和标题不当，语法错误，词语搭配不当，文字晦涩、层次不清、重复烦琐等。处理方法如下：

（1）结构的问题：检查段落的层次性和衔接性，检查每一段是否有一个中心句，段落是否可以合并等。文章首先要主题明确，章节有序，层次清楚，段落分明。通篇文章紧扣主题，前呼后应，成为一个有机的整体。其次是注意文章的结构。要求文章结构清晰、完整、严谨和自然。清晰是指文章眉目清楚、条理分明；完整是文章应首尾贯通，前后呼应；严谨是指文章精细和周密，无懈可击；自然是指文章应顺理成章，行止自如。

（2）标题问题：检查篇名和标题是否简短明了，突出中心内容。

（3）语法、逻辑和修辞的问题：检查句子的类型（单句、复句、名词谓语句、动词谓语句、形容词谓语句等），分析包含的成分（主谓宾定状补）。编辑要纠正众多语病，对逻辑错误和学术性文章中的专业错误修改。很多具有多年从业经验的编辑指出，在科技来稿中，不合逻辑的现象相当普遍。常见的有：概念不清，判断不准确，推理不准确，违反逻辑思维规律。编辑针对这些情况，应及时请教咨询相关专家、业内人士修改。

（4）词语搭配问题：检查实词与虚词是否搭配，同义词和反义词是否得当，褒义词和贬义词使用是否合理，检查自动词和他动词是否得当。

（5）表达问题：对于句子冗长、晦涩、层次不清的问题，可以从结构、用词不当等方面查找原因；对于不合逻辑的问题，可以从偷换概念、转移论题、自相矛盾方面查找原因，加以修改。

2. 技术性

技术性指的是编辑运用编辑技术对稿件的形式进行特殊处理，从形式上保证稿件合乎出版要求。对文稿进行技术性处理是为了对其内容结构调整，保证文稿内容能够层次分明。在运用技术方法处理内容结构时，应按照以下步骤进行：

（1）确定版式，如确定开本、字体、字号和标题层次等。标题能够展现文章的主题，突出文章和期刊的风格，好标题能够吸引读者阅读。推敲标题是编辑的重要工作。

（2）批注加工，如对外文文种、外文符号的大小写、正斜体、上下角码、公式、单词转行等都应批注清楚，以方便排版校对。

（3）图表加工。相比于文字，文章内的图表尤其需要技术含量，编辑人员应掌握基本的计算机软件处理方法，正确处理表格、图像。

第八章　期刊标题的加工

一般说，作者提交的文稿和书稿都是有标题的，作者提交的标题是可用的，只需做少许加工润色，不需要重新设计或确定。但也有一种常见情况，即标题经过编辑的修改和雕琢，达到画龙点睛、锦上添花的效果。标题是否恰当，是否引人注目，是否能表现文章、书稿的主题和基本内容，以及基本章、节的标题是否简明、概括，都关系到期刊能否吸引读者注意，能否调动读者阅读兴趣。标题是编辑最基本也是最重要的能力之一，它体现编辑对文本的理解和把握，能够体现文章的主题、突出文章和期刊的风格，有利于扩大发行量，促进销售，使期刊获得更好的社会效益和经济效益。

好的标题应该有新意、有文采、文字简短。标题的第一个层次是看标题是否通顺、是否明确、是否有诱惑力；第二个层次是看标题是否能够反映文章主旨、是否概括准确、是否与期刊的风格一致。

第一节　标题的作用和审读

一、标题的作用

（一）标题的意义

标题是用来概括和揭示整体内容的。对于一篇稿件，读者看到其标题，在读全文之前，就对它的主要内容有所了解了。一般说，读者阅读一本期刊，会选择自己感兴趣的稿件来读。读者如何判断自己是不是感兴趣，就是通过看标题来确定。所以，标题对读者讲，有导读的价值和作用。

事实上，稿件标题不仅可以提示读者要不要读该稿件，读者看完整个期刊稿件的标题，也会做出要不要读该期刊的结论，所以，稿件标题对读者选择期刊也有导读作用。读者要不要读某期刊，常常先看目录，从目录的栏目标题和稿件标题中做出大体判断。

好的标题具有诱读的作用，能吸引读者来阅读某文章或某刊，这是标题导读作用的延伸。拥有这种诱读作用的标题，一般来说都是生动和新颖的，是水平高、质量好的标题。

标题的作用不仅表现在导读和诱读方面，它其实还是期刊风格的重要组成部分。对一本期刊，标题大致相当于其橱窗。读者在看到内文之前，一般会在目录页中看到期刊的栏目标题和文章标题，并据此大致感受和判断出期刊的风格。假如标题没能体现出期刊的风格，就应该算作期刊的失败。

一个成功的期刊，其标题的风格应该是很鲜明的。

由以上可知，稿件标题就是其眼睛。一个好的标题，对一篇稿件，能够起到画龙点睛的作用，能使稿件活起来。

（二）标题与编辑

一般说，报纸新闻稿件的标题，都是由编辑定的。这是报纸新闻编辑的重要任务。怎样定出好标题，也是报纸新闻编辑要研究的内容之一。

报纸新闻编辑如此，报纸普通文章的编辑也很重视标题。尽管作者发来文章的时候，都有标题，但报纸编辑往往会根据报纸需要而改拟标题。但是，一般说，期刊编辑会按照作者的原标题刊发文章，很少会在标题上做文章，除非标题本身有问题。

这里就存在一个问题：稿件的标题是期刊编辑的工作内容吗？对一篇稿件来说，标题是其构成部分之一。因此，应该说它是作者的工作。尽管《中华人民共和国著作权法》对此没有做明确规定，但作者对稿件以及稿件的标题，似乎应该同样享有著作权。

从期刊的角度看，标题又是期刊的组成部分，在不妨碍作者著作权的情况下，它应该也是期刊的工作，从而也是期刊编辑工作的一部分。

由作者授权给期刊的对稿件的修改和加工权，也应该包括对稿件标题的修改和加工权。期刊编辑对稿件的修改和加工，自然也就应该包括对稿件标题的修改和加工。

从以上的分析可知，稿件的标题拟定，本来是作者的工作，但编辑也要做包括稿件标题在内的编辑工作。由于每一个作者在为自己的稿件确定题目的时候，只能考虑到自己的角度，而编辑加工稿件时，就要从整个期刊的角度考虑，而不可能只是考虑某一篇稿件。也许，从一篇稿件的角度看其题目是合适的，但从整个期刊的角度考虑就未必合适了。因此，期刊编辑重视标题工作，是期刊本身的需要。

（三）对标题的审读

对稿件标题的审读，是期刊编辑审读工作的重要内容，这是由标题的意义来决定的。前面的分析已经告诉我们：一个好的标题对稿件有画龙点睛的作用，所以，编辑审稿的时候如果不认真审读标题，就是重大的失误。

对标题的审读，与对稿件内容的审读是不一样的，有其自身的特殊性。标题相对于稿件内容，是独立的，但标题事实上又完全依附稿件内容而存在：它不仅要服从、反映、概括内容，而且还要附属于稿件内容。标题与稿件内容的这种相对独立性和绝对依附性，是审读标题具有特殊性的重要原因。同时，标题只是一句话，这也是审读标题具有特殊性的一个原因。对标题的审读，要着眼于三个层次。

1. 第一个层次

从标题本身审标题，即要看作为简单一句话的标题本身是否存在问题。这一层次主要审核三点。第一，要看标题是否通顺，这也是对标题的最基本的要求。第二，要看标题是否明确。标题要概括和揭示稿件的内容，所以必须让人一看就明白其讲的是什么，而不能模糊含混。第三，要看标题是否有导读和诱读力。标题除了要通顺和明确之外，还必须能吸引读者阅读，有诱读力。诱读力的大小，虽然与稿件的内容和读者的兴趣有关，但不可否认的是，同一篇稿件，由于有了不同的标题而会对读者产生不同的吸引力。稿件的标题如何才能更有诱读力，会因为稿件的性质不同而不同。有的因为义正词严吸引人，有的因为活泼生动吸引人等。可是认真总结就会发现，不管什么性质稿件的标题，如果具有了新颖性，对读者的吸引力就一定会大。因此，必须重视对标题新颖性的审读。

2. 第二个层次

从标题和稿件内容的关系方面审读。这个层次的审读中要注意三点：第一，要看标题和文章内容是否相符。标题是要服从、反映、概括和揭示稿件内容的，所以，标题一定要和稿件的内容相符。第二，要看标题对内容的概括是否准确，是否反映了稿件内容的观点和主旨。第三，要看标题的风格是否和稿件内容一致。标题虽然具有相对独立性，但它对稿件的内容又具有依附性，所以二者的风格必须协调一致。

3. 第三个层次

要审读标题是否和期刊的系统结构相适应。这个层次的审读要注意三个问题：第一，要看标题与期刊系统结构的中心是否适应。每期期刊都有其中心支点，不仅纳入期刊的每一篇稿件要围绕这个中心支点，标题同样也必须是围绕这个中心支点的，否则就不是一个好的标题。第二，要看一个标题与期刊中其他的标题是否相呼应。从期刊的系统结构角度考虑，一方面每一篇稿件的标题要避免与其他标题重复，另一方面稿件的标题还要力求互补和呼应。第三，要看标题和期刊的风格是否协调一致。标题与稿件内容的风格协调一致，和它与期刊的风格协调一致并不是一回事，因为每一篇稿件的风格和期刊的风格并不相同。标题影响期刊的风格，也反映期刊的风格，所以，审读时要特别注意这一点。

第二节　标题加工的考虑因素

一、期刊性质

政治性期刊、学术期刊的标题要求庄严、凝重，文艺性期刊标题要求生动、形象，娱乐性期刊标题要求风趣、活泼。

二、期刊风格

标题应该与期刊的风格一致，成为期刊的一部分，特别是期刊封面文章的标题，必须能够突出期刊的当期选题特色。

三、读者类型

标题不仅要适应期刊的性质和特色，还要适应读者的特征。面向成人读者和少年读者的标题差异较大。标题要尽量从地域、心理等方面贴近读者，即选取标题要有读者视角。但也要避免标题假、大、空，言之无物或夸大其词，令人费解。例如，某生活文摘以《广州人重家庭不重爱情》为题刊登了一篇文章，吸引了广州市民的眼球。其后，引发了广州各大报纸、媒体对广州人爱情、婚姻、家庭观念的大讨论，引发市民的追读。这是充分抓住读者心理的体现。但是用"广州人"做标题，难免有以偏概全、夸大其词的嫌疑，而且带有地域色彩的整体性解读，并不符合客观事实，炒作意味浓厚。

四、文章特色

标题是反映文章主题和内容的，不同的文章有不同的风格和主题，所以标题不仅要反映文章主题还应反映文章的特色，如讽刺、幽默、活泼、严谨等。比如新闻纪实类期刊，标题应该力求简明客观；文艺性刊物，标题可以取得富有文采，虚一些；面向少年儿童的刊物，标题应该使用儿童能理解的、喜闻乐见的语言；学术期刊文章的标题尽量控制在15个字以内，而且不应该加副标题。

第三节　期刊标题类型

从内容看，期刊文章的标题分为主标题、副标题、提要题、虚题和实题；从形式上，标题分多行题、单行题、通栏题、破栏题、栏题、边题。下面分文稿标题和期刊封面标题分别介绍。

一、文稿标题

文稿标题是期刊内部文章的标题，每一篇独立的文稿，应该有一个独立的标题，统领全文的内容。

(一) 单行式标题

单行式标题是文稿标题的基本形式，相对简短直接，一般在一行 (15 个字) 之内。

1. 直述式

直述式标题即直接阐述要表达的意思。从形式逻辑来看，直述式可以是肯定 (A 是 B)、否定 (A 不是 B)，或肯定否定相结合 (A 是 B 不是 C)。也可以是怎么样、什么不怎么样、什么怎么样不怎么样等。直述式标题的优点是明确干脆。

2. 呼吁式

呼吁式标题的特点是发出某种呼吁、祈求，表达某种惊叹，这种类型的标题常常带有浓烈的感情色彩，多用之于慷慨激昂的文章。优点是有强大的感染力、能吸引人。但如果使用不当，容易小题大做，将内容本是微不足道的事用一个大声疾呼的标题，就反而会使人感到可笑。典型的呼吁式标题例如：关注农村留守儿童的文章取名《救救孩子》，倡导环境保护的文章取名《保护绿色》。

3. 悬念式

悬念式标题顾名思义就是要设置悬念，引发读者思考和好奇。大量悬念式标题就是问题式的标题，只提出问题，答案要在文中去找。有的虽不是提出问题，但同样留下悬念，要在文中去找解答。有一种引而不发之势，能起到意想不到的效果。其优点是对读者易有较大的吸引力。

但前提是要问题、悬念本身是人所想要知道的，不是人们大都知道的常识，例如《互联网正在让我们变傻吗》。

4. 评价式

所谓评价式标题即在标题中表明作者对某一事实、现象所持的支持或反对的态度，表明作者的态度、观点。与直述式标题不同，评价式标题不仅是客观的直述，而是主观性很强的表达。如《论中国》是直述式标题，但《论中国的伟大复兴》就是评价式标题。评价式标题多用于其评价与众不同的文章，要强调自己观点的文章。

5. 比较式

比较式标题是将事物作比较，可以是明比，也可以是暗比；可以两相对比，也可以与众相比。比较容易显出长短，简单明白；比较还可以起烘云托月的作用，从比较中使事物更鲜明、更高大，例如《与林肯齐名的人》。

（二）多行式标题

期刊文章由于内容主题需要，经常出现使用多行标题的情况。多行标题由主题和辅题构成。辅题又分位于主题上方的引题（又叫肩题、眉题、上辅题）和位于主题下方的副题（又叫子题、下辅题）。

对多行标题的推敲编辑，有如下方法：

1. 正题含蓄，副题具体

如《羊毛吟　新疆羊毛大积压纪实》，此题的正题有美感，引发人联想，副题紧扣事实，虚实相互补充，相得益彰。

2. 正题铺展，副题收缩

如《最美的图形——太极图赏析》，正题广阔、高远，有很强的覆盖力，但副题必须对覆盖面广的正题予以限制和解释，做进一步限定。

3. 正题扼要，副题补充

如《我的朋友安克第——一位传奇式的法国自行车运动员》，此题的正题介绍人物的姓名等核心元素，副题则介绍人物的身份等次要元素，补充正题，正副题配合默契。

副题是主标题的补充，即标题还不具体、不明确、不充分，需要加个副题补足。副题常见类型有三类：

（1）补足型，即主标题说明不充分，需要副题补足内容。如《南京中山陵——近代建筑的里程碑》。

（2）说明型，即对主题加以说明，使标题内容更加丰富。如《现代国画艺术的珍品——〈李可染画集〉读后》。

（3）虚实型，即主题铺展、副题收缩。如《最美的图形——太极图鉴赏》。

（三）引题式标题

引题常常是一段话，揭示文章写作的背景或原因，是叙述事实、交代背景、说明原因或道理、揭示意义和烘托气氛的手段。引题之后再加一个副题，解释文章的核心内容。如：

引题陈述事实，正题进一步解释，如《外籍管理人员使酒店赔百万美元　中国人炒了"老外"鱿鱼》。

引题烘托气氛，正题点明内容，如《几代人梦想　无数次论证　近三年奋战跨世纪工程大江截流就在明天》。

（四）小标题

小标题是文章内部的次级标题，较长的文章需要分割成多个部分，每一个部分都会有一个小标题用于概括和揭示该部分的主题。使用小标题，可以根据一定的逻辑关系将众多的材料内容分别加以组织，从多个角度来展示材料、组织内容、揭示主题，使行文条理清晰，让读者能够对全文结构有清晰的了解。

小标题应该相互呼应，存在并列或递进关系，能够反映文章内容情节的进展或发展，逻辑关系应该十分清晰。例如：

小标题一：公平和效率的交替在我国为何失灵

小标题二：公平和效率之间究竟有没有交替关系？

小标题三：公平和效率交替的局限性

小标题四：警惕既无公平又无效率的陷阱

小标题五：勇创生命的奇迹

小标题六：艰难起飞

小标题七：勇创奇迹

小标题八：再攀高峰

二、封面标题

封面标题也称为促销标题或封面简介，是期刊内文篇章标题在封面上的展示。尽管它与期刊内部的文章标题具有一定的相似性，但由于其印刷在期刊封面上，起着提示内容、引导需求、刺激购买的重要作用，因此，有必要对其进行专门讨论。对于期刊订阅者而言，封面标题的作用就是刺激和诱导读者打开期刊阅读；对于期刊购买者而言，封面标题是促使读者购买杂志的主要原因之一。因此，期刊的封面标题应该吸引人、令人有阅读的欲望。

并非所有的期刊封面都有标题，有人甚至认为封面上出现标题会影响封面的整体感觉。但不可否认的是，期刊阵营中，尤其是面向大众的零售期刊，封面标题能吸引读者注意。许多读者甚至是看了标题以后才购买期刊的。相比较而言，带有封面标题的期刊比没有封面标题的期刊看起来更加生动、引人注目。

　　与期刊内的文稿标题不同，封面上的标题是一种提示内容的手段、一种引起注意的工具，作为期刊整体设计的一部分，其编辑权在期刊主编。因此可以与期刊内文标题不完全对应。文章标题较长，有正副标题和多行标题的，封面上可以只出现正标题；封面标题的顺序不一定要按照文章的顺序排列，重点文章可以醒目地排列在封面显眼位置。编辑可以对封面标题进行加工，并不意味着封面标题能够脱离文章标题，任意编造，或者肢解其意。

第四节　　标题的编辑

　　一般说，作者提交稿件的时候已经包含文章标题，但是编辑有责任检查标题是否正确得当，需要的时候可以对标题加工，使其更加适于阅读、更能引起读者注意，这就是文章标题的编辑。

一、标题长度

　　标题的长度是指一个标题所包含的字数，一般说，标题应该简明扼要、直截了当，所以标题贵短。但针对不同类型的文章，标题的长短应有所不同，没有统一的限制和格式。

　　多数时政类和商业类期刊标题都比较短，如《北京保障房缩小覆盖》。家庭、文摘类期刊标题比较长，如《深沉父爱唤醒兄弟，还有五姐妹那淡漠的亲情》。

二、标题的技术处理

（一）字体选择

不同的字体有着不同的特征，风格色彩各异：宋体端庄大方、容易辨识认读；黑体粗犷雄浑，颇具现代感和设计感；楷体舒展活泼，具有人文气息；仿宋体轻巧纤丽，书卷味浓厚；姚体秀气；隶书古朴；魏碑遒劲。一般来说，一本期刊的标题字体是统一的，如黑体、隶书、魏碑、舒体等。不同的字体代表了不同的风格，不同的字体所能吸引的读者注意力也不同。

注视度由强到弱：黑体、楷体、宋体、仿宋体。

易读度由强到弱：宋体、楷体、仿宋体、黑体。

正副标题间的字体搭配应遵循以下规律：

1. 字体要有一定的变化

正副标题间应该刚柔、轻重相济。黑体、魏碑、宋体为刚，舒体、隶书、仿宋、楷体为柔。

如正题用黑体，副题可用宋体、仿宋和楷体。舒体和隶书不适合作副题。但是同一页面上字体变化不宜太过频繁复杂，否则易让人产生杂乱无章之感。

2. 字号要有一定的落差

正副标题之间落差一般为2级。

安排字体落差时应考虑字体类型，以达到和谐和视觉冲击的效果。如正题为黑体二号字时，考虑到正题与副题之间的等级落差，就用比三号仿宋更小一号的小三号宋体。

3. 字间加空

一般来说，16 开版面的标题不足 7 个字，32 开版面的标题不足 5 个字时，标题的各字之间要适当留空，避免"头小身宽"的不适感。

（二）字号选择

不同期刊的字号设置也各不相同。一般说，标题字号应该与期刊的开本形成一定的比例。一本期刊内部文章的主标题的字号是固定的，但为了突出某些文章主题，编辑常常也会加大该文章标题的字号，以使其更加醒目。

一般说，文章标题或一级标题多选用初号到三号之间的字号，以显得醒目、清楚。章节标题多选用三号到小四号之间的字号。不同的开本，一级标题所用的字号是不一样的，如 16 开本用二号字体，32 开本用三号字体，64 开本用四号字体。二三级标题则要根据一级标题的字号级别来酌情选用小一些的字号。作为理论学术性的期刊、学报，题名用字常规如下：主标题多用二黑或二宋，居中排版；主标题下为作者名，多用三号仿宋或四号长仿宋，居中排版；作者栏下的工作单位、工作地址通常用六宋，居中排版。

（三）其他注意事项

目录中的文章标题要与内文中的文章标题完全一致。

（1）文章标题以及文内各级标题不能排在页面的最后一行，尤其不能排在单页码的最后一行，且末尾一般不加标点符号。一级标题排版一般不能超过版心的 2/3，如超过则需要转行处理，转行时要将一个词或词组整体移走，不要出现一个词被分隔开的情况。

（2）标题与作者名字之间要相对靠拢，标题（含作者）部分与正文部分可适当留空。正文紧挨标题排版就显得过于拥挤，既不方便阅读，又影响美观。

（3）期刊目次部分的标题要与内文中的标题保持一致。

（4）标题末尾一般不加标点符号，但有时会带有问号。

（5）标题不能排在页面的最后一行，尤其不能排在单页码（即正面页码）的最后一行。

（6）底纹是排在文字下面起装饰作用的纹样，可以用来美化标题。但底纹不能随便使用，选择底纹时要注意灰度，即底纹的明暗层次，使文字与底纹之间有明暗反差，利于识别文字。

（7）标题对齐方式，指的是文字等符号在一行内的行向位置编排，有齐左、齐右、居中三种形式。一般说来，齐左排适合读者阅读；齐右排给读者新鲜感和标新立异感；居中排，给读者端正、秀丽感。

三、标题的新颖样式

（一）插题

插题又叫段首标题。它不单占行，标题仍缩进两个字符排版。用来提示其为标题的方法有三个：一是题后空两格，二是加冒号，三是用粗的字体。

（二）提要题

提要题就是将文章的要点提炼出来形成的标题。提要题一般用于内容比较重要、篇幅比较长的文稿（尤其是新闻稿）中，目的是为了帮助读者阅读和了解主要内容，使读者在较短的时间内通过阅读揭示要点的文字，掌握文章的内容和实质。提要题一般位于文章的上方，题目下方或上方，便于读者决定是否阅读。如：深圳"归位"

文/本报记者杜亮

提要题："深圳是中国创业者实现创业梦想的热土与乐园"，在中小企业开设之后，这种独特"基因"理应得到加强，而在政府层面，似乎还没有形成更为清晰的认识。

现代新型的提要题有两方面的特点：

（1）提要题的内容从以往全面概括新闻发展到有侧重、有选择对部分内容的概括，甚至只对引出新闻事实的某些现象加以揭示，造成悬念以吸引读者。

（2）提要题的形式多样，由单纯的平铺直叙，到综合运用多种表现手法，如描写、设问、对比等，在结构上讲究灵活多变。

四、引题

引题一般用来交代背景，说明原因，烘托气氛，解释意义等，多作虚题。期刊的引题一般位于标题的上方，起到引导阅读的作用，字数较多。引题的作用有交代背景、说明原因，烘托气氛、渲染环境等。

五、窗式标题

用花边、花线将标题四周围框，形同窗户。这种做法是为了在标题字数较少的情况下补足空白，使标题美观。

第五节　标题的修改

一、标题的修改

审读中，编辑如果觉得某一篇稿件的标题需要修改或重新制作，就应和作者联系，征求作者的意见，并征得作者的同意，绝不可在作者不知情的情况下将标题修改。当然，如果仅仅是对标题中的个别字做增删，情况可以另当别论。但对标题的改拟总的原则是要尊重作者的意见。

在尊重作者权益这一大的原则的前提下，还要注意一点：能在原标题的基础上修改的就要尽可能在原标题上修改，而不要再另拟制标题，这其实也是对作者劳动的一种尊重。但这并不是说就只能凑合着在原标题上进行修改，如果确实需要另外拟制，还是应该另行拟制。

对标题修改比较多的还是不通顺的标题。这种修改一般说将其修改顺畅就可以了，对编辑不是一件困难的事情。

修改标题常用的方法，有易字法、减字法和增字法。标题的文字一般要求要简明扼要，切忌冗长拉杂。

二、改拟标题的基本要求

上面谈及的审读标题三个层次的问题，也是我们在改拟标题时应该注意的问题。一般说，改拟标题时应该注意以下几点：

（一）准确

准确，一方面是指标题要准确地反映、概括、揭示出稿件的内容，另一方面也指标题的文字要顺畅，意思要正确、明确。准确是拟制标题最根本的要求。

为了达到诱读的目的，很多稿件的标题只追求新鲜刺激，吸引人的眼球，追求轰动效应，而将标题的准确性抛在了脑后，这是一种非常不健康的现象。

（二）新颖

新颖的标题不仅自带美感，而且具有诱读力。新颖，一定要建立在准确的基础之上。

（三）协调

这里的协调，不仅指标题要和稿件的内容、风格等协调一致，也包括和期刊的整体内容、风格，以及期刊其他文章的标题协调一致。作者拟定标题考虑不到后边的要求，但作为期刊编辑，在改拟标题时，就必须考虑到这一点。这就决定了编辑改拟标题要比作者拟定标题困难得多。

（四）其他要求

在具体改拟标题的过程中，除了要注意以上三点以外，还要依具体情况，做不一样的改拟。

1. 因期刊的性质不同而不同

不同性质的期刊，对标题的要求也是不一样的，这就决定了改拟标题的方法也不相同。比如：政治性和学术性期刊，其标题要严肃、严谨、讲求科学；文艺性期刊则要求标题生动、形象；娱乐性期刊的标题又往往会追求有趣等。

2. 因风格而异

即使性质相同的期刊，由于各自的风格不同，对标题的要求也不一样，只有那些符合期刊自身风格的标题才是好的标题。

3. 因读者而异

面对的读者群不同，期刊对标题的要求也不相同。

三、改拟标题的方法

标题，一般可分为实题、虚题、虚实结合题三种。其中实题是最常用的，从实题当中我们很容易看出稿件要表达的内容。例如：

期刊编辑理论创新的心理障碍分析

和谐社会视野下的刑事诉讼审前程序改革

这两个就都是实题。

虚题一般用于文艺作品。一般说，从虚题中我们不容易看出文章的内容。但是，虚题要么给人以内容的启示，要么传达文章的感情、情调等，也并非了无痕迹，和内容总还是有着或多或少的联系的。例如：

丰乳肥臀

绿化树

蛙

这三个就都是虚题。

虚实结合题指的是实题和虚题结合的一种标题形式，有虚有实。例如：

红高粱家族

浪漫的黑炮

我的菩提树

这三个标题即是虚实结合题。

另外，也可以换一种角度对标题进行分析，这样，就会有五种常见的形式。

第一，直接叙述式标题。也就是直接表述出要表达的意思。例如：

公共政策执行的要素分析

从另一个角度认识马克思主义的生命力

实践是检验真理的唯一标准

第二，呼吁式标题。也即在标题中提出某种呼求，这样的标题往往会有很强的感情色彩，比较有感染力。例如：

请节约用水

拯救地球

请爱护地球

第三，悬念式标题。悬念式标题是指给读者留下悬念的标题，对读者会有比较大的吸引力。例如：

这三种性格的人，最好命

爱不爱，拍张照就知道

娜拉出走之后

第四，评价式标题。即在标题中就表明作者的态度、观点。例如：

坚持马克思主义的理论创新

马克思主义的生命力

马克思主义的包容性

第五，比较式标题。这里的比较可以是明着比，也可是暗着比；可以两个相对比，也可以和其他众多的对象比。例如：

中国的白求恩

最热爱山东的河南人

这三个都是比较式标题。

四、副标题、小标题

（一）副标题

一般说，一篇稿件只有一个标题。但也有稿件除了标题以外，还有一个副标题。副标题是标题的补充，也就是说，一般标题表达不具体、不明确的时候就会加一个副标题来补充说明，进而更加明确、具体、准确地概括和揭示出稿件的内容。经常见到的副标题主要有三种。

1. 补足型副标题

在标题表述不够充分的时候，需要副标题来补足。举例如下：

追寻澄明之境

读孔孚先生的山水诗

2. 说明型副标题

说明型副标题是对标题的进一步说明。说明其实也是一种补充，但与补足型副标题不同，带有说明型副标题的标题并没有什么不足之处，而只是需要加以说明。说明之后，标题就更清楚明朗。例如：

社会转型期的社会失范行为

基于社会共享价值观的分析

"阴阳互补"思维模式辨析

——和谐社会建设中传统文化资源的一个梳理

3. 虚实型副标题

当标题是虚题的时候，为了更清楚地概括稿件内容，有时会加上一个实题的副标题。例如：

朝向开放的未知领域

——王小波论

以上三种类型的副标题的共性是它们都是标题的补充说明，所以和标题之间有着内在的联系，但从语法方面看，副标题本身也是一个完整的短语。

一般说，副标题是在标题需要补充的情况下才加的，可是，有些期刊编辑为了某种目的，在不必非得加副标题的标题后面也加上副标题，以达到吸引读者、引人注意的目的。

什么时候房价会降？

这是一个悬念式标题，它基本表述出了稿件的内容，对读者也具有吸引力。但是，编辑又给它加了个副题：

——几位经济学家的看法

事实上，这个副标题并不是画蛇添足。有了这个副标题，读者会更感兴趣，因为这是几位经济学家的看法。

（二）小标题

小标题指的是稿件中的二级标题。一般说，一篇稿件，都要用几个小标题将其分为几个部分，每一个小标题都会概括和揭示其相对应部分的内容。对小标题的要求，和对稿件标题的要求是一样的。

小标题列于标题之下，受标题规约，其内涵必须小于稿件的标题。

一篇文章的几个小标题之间是有内在联系的，存在并列、递进或起承转合的关系。小标题不仅必须能概括、揭示其下的内容，还必须能反映稿件的主要内容之间的逻辑关系。

第九章 编辑常用资料汇编

第一节 编辑常用工具书和数据库

一、编校工作的常用标准和规范

编校工作中的常用标准和规范主要收录在《作者编辑常用标准及规范》（第四版）中，由中国标准出版社于 2019 年出版。该书收录了主要的出版标准及规范性文件：

《出版物上数字用法》（GB/T 15835—2011）

《中文书刊名称汉语拼音拼写法》（GB/T 3259—1992）

《汉语拼音正词法基本规则》（GB/T 16159—2012）

《标点符号用法》（GB/T 15834—2011）

《信息与文献参考文献著录规则》（GB/T 7714—2015）

《中国标准书号》（GB/T 5795—2006）

《图书和杂志开本及其幅面尺寸》（GB/T 788—1999）

《图书书名页》（GB/T 12450—2001）

《图书在版编目数据》（GB/T 12451—2001）

《国际单位制及应用》（GB 3100—1993）

《有关量、单位和符号的一般原则》（GB 3101—1993）

《公开版地图质量评定标准》（GB/T 19996—2005）

《学术出版规范一般要求》（CY/T 118—2015）

《中文出版物夹用英文的编辑规范》（CY/T 154—2017）

《学位论文编写规则》（GB/T 7713.2—2022）

二、编辑通用工具书

编辑通用的工具书主要推荐以下一些书目：

《通用规范汉字字典》，王宁主编，商务印书馆 2013 年出版。

《现代汉语词典》（第七版），中国社会科学院语言研究所词典编辑室，商务印书馆 2016 年 9 月出版。

《古代汉语词典》（第二版），商务印书馆辞书研究中心修订，商务印书馆 2014 年出版。

《辞海》（第七版），夏征农、陈至立主编，上海辞书出版社 2020 年 8 月出版。

《汉语大字典》（第二版），四川辞书出版社、崇文书局 2011 年出版。《汉语大字典》基本收齐了各种生僻字，是目前出版的规模最大的汉语字典。

《汉语大词典》，罗竹风主编，上海辞书出版社 2011 年出版。《汉语大词典》是当今规模最大的汉语语文工具书。

《新华成语大词典》，商务印书馆辞书研究中心和商务印书馆 2013 年 1 月出版。

《王力古汉语字典》，王力主编，中华书局 2015 年重印。

《现代汉语规范词典》（第 4 版），李行健主编，外语教学与研究出版社 2022 年 6 月出版。

三、编辑常用的专业类工具书

编辑常用的专业类工具书推荐如下书目：

《牛津高阶英汉双解词典》（第 10 版），霍恩比著，赵翠莲等译，商务印书馆 2023 年 5 月出版。

《英语姓名译名手册》（第 5 版），李学军主编，商务印书馆 2018 年 12 月出版。

《中国历史大辞典》，郑天挺、谭其骧主编，上海辞书出版社 2010 年出版。

《中国历代职官别名大辞典》，龚延明主编，上海辞书出版社 2006 年出版。

《中国历代人名大辞典》，张揖之、沈起炜、刘德重等主编，上海古籍出版社 1999 年 12 月出版。

《外国地名译名手册》，中国地名委员会编，商务印书馆 2003 年 7 月出版。

《中国古籍总目》，中国古籍总目编纂委员会编，中华书局 2012 年 7 月出版。

《化工辞典》（第五版），姚虎卿主编，化学工业出版社 2014 年 5 月出版。

《中华人民共和国药典》，国家药典委员会编，中国医药科技出版社 2020 年出版。

《世界地名译名词典》（上中下），中国社会出版社 2017 出版。

四、编辑用参考书

编辑用参考书主要推荐出版业务参考书和文史类参考书。

（一）　出版业务参考书

出版业务参考书推荐以下书目：

《〈标点符号用法〉解读》，教育部语言文字信息管理司编，语文出版社 2012 年出版。

《出版物上数字用法〉解读》，教育部语言文字信息管理司组编，语文出版社 2012 年出版。

《〈汉语拼音正词法基本规则〉解读》，教育部语言文学信息管理司编，语文出版社 2013 年出版。

《〈标点符号用法〉解读》《〈出版物上数字用法〉解读》《〈汉语拼音正词法基本规则〉解读》，这 3 本书是标准制定者解读标准的图书，其中还添加了不少标准中没有涉及的问题，非常值得参阅。

《出版专业基础知识（初级）》《出版专业理论与实务（初级）》，国家新闻出版署出版专业资格考试办公室编，崇文书局 2020 年 6 月出版。

《出版专业基础知识（中级）》《出版专业理论与实务（中级）》，国家新闻出版署出版专业资格考试办公室编，商务印书馆 2020 年 6 月出版。

《出版专业基础知识（初级）》《出版专业理论与实务（初级）》《出版专业基础知识（中级）》《出版专业理论与实务（中级）》，这 4 本书是出版专业资格考试用书，里面涉及很多出版行业约定俗成的要求和规范。

《图书编辑校对实用手册》（第 5 版），黎洪波、利来友主编，广西师范大学出版社 2021 年 9 月出版。内容比较系统且全面，很适合新编辑使用。

《科学出版社作者编辑手册》，汪继祥主编，科学出版社 2016 年 7 月出版。这个手册适合科技类编辑使用，能够解决科技类编辑编校过程中遇到的大多数问题。

《现代校对实用手册》，杜维东、杜悦、冯凌主编，金城出版社 2016 年 9 月出版。《现代校对实用手册》非常契合编辑校对实务，具有很好的实用价值。

《音乐曲谱出版规范》，人民音乐出版社 2015 年 10 月出版。《音乐曲谱出版规范》是音乐编辑必备的工具书。

需要说明的是，编辑手册类参考书很多，我们可以根据专业挑选合适的。

（二）文史类参考书

文史类参考书推荐以下书目：

《中国近代史词典》，陈旭麓等主编，上海辞书出版社 1982 年出版。

《清人室名别称字号索引增补》，杨廷福、杨同甫主编，上海古籍出版社 2001 年出版。

《明人室名别称字号索引》，杨廷福主编，上海古籍出版社 2002 年出版。

《中国古代文学家字号室名别称词典》，张福庆主编，华文出版社 2001 年出版。

《世界近代史词典》，光仁洪主编，上海辞书出版社 1998 年出版。

《简明中国历代职官辞典》（增订版），沈起炜、徐光烈主编，上海辞书出版社 2014 年出版。

《中外历史年表》（校订本），翦伯赞主编，中华书局 2008 年出版。

《近代中国史事日志》，郭廷以编著，中华书局 1987 年出版。

《近现代汉语辞源》（上下），黄河清编著，上海辞书出版社 2020 年出版。

五、数据库

习近平系列重要讲话数据库

http：//jhsjk. people. cn

中国共产党思想理论资源数据库

https：//data. lilun. cn/index_ custom. html

中国共产党历史和文献网

https：//www. dswxyjy. org. cn

中共中央党史和文献研究院

https：//ebook. dswxyjy. org. cn

新华文摘数据库

http：//www. xinhuawz. com

学习强国

https：//www. xuexi. cn

人民日报图文数据全文检索系统

http：//data. people. com. cn/rmrb

中文社会科学引文索引

http：//cssci. nju. edu. cn

由南京大学中国社会科学研究评价中心开发研制的引文数据库，用来检索中文人文社会科学领域的论文收录和被引用情况。目前收录包括法学、管理学、经济学、历史学、政治学等在内的 25 大类的 500 多种学术期刊。

中国科学引文数据库（CSCD）

http：//sciencechina. cn

收录我国数学、物理、化学、天文学、地学、生物学、农林科学、医药卫生、工程技术、环境科学和管理科学等领域出版的中英文科技核心期刊和优秀期刊千余种。

人大复印报刊资料全文数据库

http：//www. rdfybk. com

中国人民大学复印报刊资料库，以人民大学书报资料中心的复印报刊资料系列数据库为内容基础，辅以先进的检索方式、优质的期刊、论文推荐而成的人文科学、社会科学资料库，汇集了自改革开放以来国内报刊公开发表近 6000 余种人文社科学术研究成果的精粹。

《全国报刊索引》数据库

https：//www. cnbksy. com

《全国报刊索引》创立于 1955 年，是上海图书馆（上海科学技术情报研究所）主管主办，收录数据最早可回溯至 1833 年，采用中国图书馆分类法进行分类揭示，收录文献总量 5000 余万篇，年更新数据逾 500 万条，汇集报刊数量逾 50000 种，全面涵盖社会科学、自然科学等各个领域。

历年光明日报数据库

http：//epaper. gmw. cn/gmrbdb

《光明日报》是中共中央主管主办、中央宣传部代管的中央党报。历年光明日报数据库提供《光明日报》自创刊年至今历史数据。可全文检索，提供原版 PDF 和文本版两种格式。可通过正文、作者、标题、栏目、版名、来源、广告主等检索。

万方数据库

http：//www. wanfangdata. com. cn/index. html

万方数据库是由万方数据公司开发的，涵盖期刊、会议纪要、论文、学术成果、学术会议论文的大型网络数据库；也是和中国知网齐名的中国专业的学术数据库。整合数亿条全球优质学术资源，集成期刊、学位、会议、科技报告、专利、视频等十余种资源类型，覆盖各研究层次，感知用户学术背景，智慧搜索。致力于帮助用户精准发现、获取与沉淀学术精华。

中国近代报刊数据库

http：//tk. cepiec. com. cn/SP

中国近代报刊数据库平台收录了《申报》《中央日报》《台湾民报》《台湾时报》《台湾日日新报》，囊括了海峡两岸同期近代报纸史料。

CALIS 公共目录检索系统

http：//opac. calis. edu. cn

中国高等教育文献保障系统提供。可联合检索高校中西文期刊目次、中西文图书目次、学位论文、会议论文。

NSTL 文献检索

http：//www. nstl. gov. cn/index. html

国家科技图书文献中心提供。面向全国开展科技信息服务，可联合检索中外文的期刊、学位论文、会议论文、中外文图书、国外科技报告、专利、标准、计量检测规程等。还提供国外免费的学术资源、中外预印本门户、网络资源导航等。登录网站主页后，建议按照如下方式访问：按照主页上方横向菜单分别选择进入，如：文献检索、全文文献、目次浏览、目录查询、热点门户、网络导航。登录各栏目后即可见各栏目详情介绍，因此使用中更加明白。重点推荐：全文文献栏。

清华大学图书馆网站

http：//www. lib. tsinghua. edu. cn

该网站具有很强的学术性。网站界面内容精炼，将各类文献信息的检索和咨询服务融为一体，并将各类别的网上资源和本馆的文献资源加以整合，为本校及其他高校读者提供了极大的方便。

中国科学技术信息研究所

http：//netl. istic. ac. cn/netl/index. jsp

中国科技信息研究所提供。可检索该所馆藏的中外文期刊、国内学位论文、中文会议论文、外文科技报告和声像等数据库的内容。

广西大学图书馆

http：//www. lib. gxu. edu. cn

全国图书馆参考咨询联盟

http：//www. ucdrs. superlib. net

全国图书馆参考咨询联盟成立于 2012 年，为广东省立中山图书馆承担的文化部"全国图书馆参考咨询服务联盟平台建设与创新服务模式研究"项目。根据平台负责人介绍，平台系统拥有 230 万种以上的电子图书，4 万篇以上中文期刊论文，2. 6 万篇以上外文期刊论文以及大量的学位论文、会议论文等数字化资源，全国参与合作和加盟的三大系统图书馆达 700 多个，每天提供咨询和传递文献超过 1 万例。

国家哲学社会科学文献中心

http：//www. ncpssd. org

国家哲学社会科学文献中心是由中国社会科学院牵头，教育部和国家新闻出版署配合建设，2016 年 12 月 30 日正式上线运行。

主要开设有资讯、资源、专题、服务四个栏目，资源包括中文期刊、外文期刊、外文图书、古籍四类，收录哲学社会科学相关领域文献共计一千万余条，提供在线阅读、全文下载等服务；

还收录有国内外哲学社会科学领域重要的政府机构、高等院校、学术机构以及数据库的链接便于广大读者查阅、使用。初步形成国家哲学社会科学学术期刊数据库，外文学术期刊数据库，中国社会科学院科研成果数据库等特色资源数据库。

中国知网

http：//www. cnki. net

知网，是国家知识基础设施的概念，由世界银行于 1998 年提出。CNKI 工程是以实现全社会知识资源传播共享与增值利用为目标的信息化建设项目。由清华大学、清华同方发起，始建于 1999 年 6 月。提供CNKI 源数据库、外文类、工业类、农业类、医药卫生类、经济类和教育类多种数据库。

其中综合性数据库为中国期刊全文数据库、中国博士学位论文数据库、中国优秀硕士学位论文全文数据库、中国重要报纸全文数据库和中国重要会议文论全文数据库。

每个数据库都提供初级检索、高级检索和专业检索三种检索功能。高级检索功能最常用。

读秀学术搜索（收费）

http：//edu. duxiu. com

读秀学术搜索是全球最大的中文文献资源服务平台。它集文献搜索、试读、文献传递、参考咨询等多种功能为一体，是一个真正意义上的知识搜索及文献服务平台。

第二节　《标点符号用法》使用中
应注意的问题

　　新《标点符号用法》于 2011 年发布。标点符号都有其常规用法，但编辑和写作过程中，我们会遇到相对比较复杂的情况，这些情况无法套用常规情况下，对标点符号的使用方法。在使用新《标点符号用法》时，有以下一些问题需要我们注意。

一、反问句末尾的标点符号使用问题

　　反问句的末尾一般情况下要使用问号，但是，如果句子要表达的语气特别强烈，那么，就使用感叹号，也可将问号与感叹号联合起来使用。
　　比方说：
　　（1）他怎么能这样？
　　（2）他怎么能这样！
　　（3）他怎么只能这样？！
　　有人认为，当反问句的语气相对婉转时，文末也使用句号。但不宜这样。因为如果这样使用，它和陈述句在形式上就没有什么不同了，这样就无法分辨出反问句的语气。另外，如果在反问句的文末同时使用问号和感叹号，两个标点符号只能占一个字的空间。

二、有关序次语的使用问题

　　我们比较常见的序次语主要是"一""二""三"……"第一""第二""第三"……"首先""其次""再次""最后"等。在使用序次语的过程中需要特别注意的是，"首先""其次""再次""最后"不要和"第一""第二""第三"……混合使用。比如，"首先……，其次……，第三……"这种说法是不合适的。

有关序次语层次顺序，新标准的规定如下：

……

（一）……

1. …

（1）……

1）……

如果觉得叙述的问题比较小，占用不了这么多层次，那么也可以跳层次使用，直接出现后面的序次语。但需要特别注意的是，序次语的层次绝对不能逆向出现。

三、并列的引号、书名号使用过程中应该注意的问题

一般说，引号、书名号并列使用的时候，它们之间不用顿号。例如：

（1）这种"大锅饭""平均主义"的状况必须要改变。

（2）《三国演义》《红楼梦》《西游记》《水浒传》四大名著，她在小学的时候就读过了。

《标点符号用法》规定：如果标有引号和书名号的各成分之间是并列关系，那么它们之间通常不用顿号。但当引号和书名号后有括注时，则需要加上顿号。另外，如果并列的引号、书名号间，有的后面有括注，有的没有括注，这时并列的各项间都应该加顿号。例如：

（3）现代著名作家巴金的激流三部曲指的是他的《家》《春》《秋》。

（4）李老师这学期要上三门课："会计基础""中级财务会计""成

本管理会计"。

（5）今年学报编辑部订了《参考消息》（山东版）、《中国妇女报》和《齐鲁晚报》三份报纸。

（6）李老师这学期要上三门课："会计基础"（为大一学生开设）、"中级财务会计"和"成本管理会计"。

另外，标有书名号的并列成分之间如果有"和""与"等连词成分，也应该加顿号。例如：

（7）《三国演义》、《红楼梦》、《西游记》和《水浒传》这四大名著她在上小学的时候就读过了。

这样标引能够让我们一眼就看出《三国演义》《红楼梦》《西游记》《水浒传》这四本书之间是并列关系，而不会将"和"前的《三国演义》《红楼梦》《西游记》看成一部分，将它们与"和"后的《水浒传》分割开来。

四、用来替代汉字的代字号"×"不应该写成英文字母"X"

代字号有多种形式，"×"是代字号中的一种。除此之外，还有"～""○""□"等。

代字号一般用来代替不定指的字。例如：

（1）凡称××级学生，即指××年入学的新生。

（2）写作参考题目：《我的老师×××》《难忘的××》。

代字号有的时候也可用来替代不便说出的字和词。比如：

（3）孙××跟王××那个时间都在凶杀现场。

（4）王小二喊道："妈的×，真没想到关键的时候他就缩回去了！"

例（3）中的两个人的名字都不方便说出来，所以用了代字号；例（4）中骂人的话因为不文明，不便直接写出来，也用了代字号表示。

五、括注的简称需要加引号

例如：山东女子学院学报编辑部（以下简称编辑部）共有 7 人。在这句话中括注的"简称编辑部"中，应当在"编辑部"上加引号，写成：

山东女子学院学报编辑部（以下简称"编辑部"）共有 7 人。

有时候，全称如果带有书名号，在括注说明简称的时候，只需要给简称加上书名号就可以了，没有必要再加上引号。例如：《山东女子学院学报》（以下简称《学报》）……

六、提示语后有并列的情况出现时需要注意的问题

提示语后如果有并列的两种或两种以上的情况出现，则提示语后应该用冒号，例如：

（1）你的选择只能是：要么在这里等伯伯来接你，要么和姐姐一起去商场。

（2）学校对这个问题有三种意见：一种意见认为他的态度很好，可以不给他处分；另一种意见认为，如果不处分他，会在学校产生不好的影响，当然鉴于他的态度不错，可以从轻处分；还有一种意见认为由于他的行为已经产生了不好的后果，必须处分。

七、省略号单独居于一行时应该注意的问题

省略号单独居于一行的时候应当采用 12 个连点，也就是两个省略号连用，而不能用一个省略号。

举例如下：

（1）她得了乳腺癌后，情绪异常低落。丈夫为了鼓励她，特意请假

陪她。

……

（2）他欢快地在田间小路上飞奔起来。

……

（1）（2）两个例子中都各有两段话，这两段话都用了一个省略号，根据规范要求，这里用一个省略号是不对的，应该两个省略号连用，即用 12 连点。两个省略号连用，要传递的信息是：此处省略的不是词语，也不是句子，而是段落。因此，上边两个例子应该改为：

她得了乳腺癌后，情绪异常低落。丈夫为了鼓励她，特意请假陪她。

…………

他欢快地在田间小路上飞奔起来。

…………

相关规范要求，在表示诗行和段落省略的时候，要两个省略号连用，也就是要使用 12 个连点。比方说：

（3）王老师深情地读起来：

独在异乡为异客，每逢佳节倍思亲

…………

（4）他长期在农村工作，非常了解农民的诉求，所以，到了领导岗位上后，在制定政策和做相关决策的时候，他都会充分考虑农民的意愿，尽可能在政策和规定方面向农民倾斜。

…………

如果省略号在引号内单独出现在一行时，也应该两个省略号连用，即书写为"…………"，原因和没有引号时两个省略号连用相同。例如：

（5）"这个孩子为什么一个人在这么寒冷的天气里走在这空旷的大街上呢？

…………"

另外，还需要特别注意的是，两个省略号连用时，中间是连续的，不可分开使用。

同时，我们也可以在省略号的前后，根据需要使用其他标点符号。例如：

（6）好可爱的小狗呀！……

（7）他哪能不高兴？……

（8）他的条件是……？

（9）发生这样的事情实在太……！

（10）去县城有两种方式：一种是骑自行车，一种是坐公交车。……

（11）西边大路附近有山体公园和人工湖……。每天晚上，我们都会到那里去散步。

例（6）~（9）有感叹、反问、疑问等特殊语气。例（10）的省略号前有句号，这样我们就很容易看出"坐公交车"是句子结束之处。例（11）省略号后有句号，能够传递出"每天晚上……"是另外一句话这样的信息。

八、标示时间、地点起止时使用标点符号应该注意的问题

标示时间、地点起止时，应该用一字线，标示数量范围时，宜用浪纹线，例如：

（1）毛泽东（1893—1976）

（2）济南—上海旅客快车

（3）100~200 吨

（4）10~30 厘米

（5）1000～1100 千克

九、同一句中，不应该套用冒号

同一句中，不应该套用冒号，例如，不应该写："快下课的时候，老师宣布：今后放学的时候要注意：第一，要排队出门；第二，行走过程中，不要互相推搡。"

这个句子可以这样写："快下课的时候，老师宣布，今后放学的时候要注意：第一，要排队出门；第二，行走过程中，不要互相推搡。"

在列举式或条文式公文中，不得不套用冒号的时候，应当分行来写。

例如：

遗产的继承顺序为：

第一顺序人：配偶、子女、父母。

第二顺序人：兄弟姐妹、祖父母、外祖父母。

另外，应当特别注意的是，句内出现引号时，一般情况下要把句号放在后引号之后。

例如：王凯一直认为自己的决定是对的，"不这样做，根本完不成任务"。

这样标注的原因是：句号是这句话结束的标志，而不是引文结束的标志。

十、"说"后用冒号和用逗号情况不同

先看例子：

（1）她笑着对记者说，"现在的生活真是太好了。"

在这个例子中，"说"后适宜用冒号或将句末的句号放在引号之后。

如果句子中的"说"是插入性的，"说"的后面更适合用逗号。举

例如下：

（2）"王小二昨天去世了。"哥哥说，"我们都没有想到。"

（3）"王小二昨天去世了，"哥哥说，"我们都没有想到。"

这里的"哥哥说"是插在同一个人说的话当中的，主要用来指明说话人。这时，"哥哥说"后面不适合用冒号。如果用冒号，则只能说明"哥哥说"后面的话语是"哥哥"说的，而不能说明"哥哥说"前面的话语是哪个人说的。

这种插入性的"某某说"前面的话语，既可以是半句话，也可以是一句话。是半句话的时候，一般应该用逗号。例如（2）；是一句的时候，则适合用句号，如（1）。

"某某说"前面的话语中，还可以使用问号或叹号。例如：

（4）"王小二去世了？"哥哥问，"什么时候的事情？"

（5）"王小二去世了！"哥哥说，"我们怎么能想到？"

十一、表示定指的两个连用数字之间适宜加顿号

在定指的两个连用数字之间应该加顿号，例如：

（1）山东省教育厅出台政策，要求全省范围内的一二年级小学生不留书写的家庭作业。

例（1）中的"一二"间应该加顿号。

按照《出版物上数字用法》的要求，在两个数字连用表示概数的时候，这两个数字之间不用顿号，例如：四五十岁、二三十个、六七个晚上、六七十米等。

但例（1）中的"一二年级"，是指"小学一年级和二年级"，是定指，所以中间应该加顿号，假如不加，就很容易被误解成是概数。概数和定数的意义就完全不同了。

第三节　书名号使用问题

一、书名号的基本用法

书名号的基本用法如下：

第一，用以标示书名、篇名、刊物名、报纸名、文件名等。

第二，用以标示电影、电视、音乐、诗歌、雕塑等各类用文字、声音、图像等表现的作品的名称。

第三，用以标示作品名的简称。

以上列出的是书名号的基本用法，可是我们在实践中遇到的问题却不会这么简单，所以需要特别注意。

二、书名号用法疑难问题

认为主要包括以下一些情况。

（一）丛书用引号，不用书名号

"丛书"二字是否在引号内，要看具体情况。

"丛书"作为系列著作的选题名，一般应该用引号标引，而不是使用书名号。如果原选题名包含"丛书"二字，则应放在引号内；如果"丛书"二字不属于原选题名的一部分，是临时指称的，就可以放在引号外。例如：

（1）"经典与解释丛书"

（2）"语言启蒙"丛书

（二）"指南""手册"等要放在书名号内

题名中有"指南""手册"时，要将它们放在书名号里边。例如：

（1）《动物行为指南》

（2）《物联网安全白皮书》

（3）《医疗卫生手册》

（三）电视、广播、报刊等的栏目和节目名称应当使用书名号

为了清楚地表示节目、栏目的名字，避免与普通名词混同，应当对其使用书名号。例如：

（1）《山东女子学院学报》开设有《性别平等理论研究》《女性与社会发展研究》《女性文化研究》《女性文学研究》《女性教育研究》《妇女史研究》等栏目。

（2）这个报纸新添加了《女性与法律》栏目。

（3）这个孩子特别喜欢看中央电视台科教频道的《走近科学》栏目。

（4）中央十台的科教频道开设有《走近科学》《我爱发明》等为广大观众喜闻乐见的栏目。

报刊名和专刊名等一起使用时，中间用间隔号，二者之外加书名号。

例如：《山东女子学院学报·学术视野》

（四）报社、杂志社名视具体情况确定用不用书名号

在提到报刊出版单位的名称时，为了明确报刊的名称，通常会在报刊的名称上加书名号。例如：

《山东青年报》社；《青年文摘》杂志社；《山东女子学院学报》编辑部

在不产生混淆的情况下，可省去书名号。例如：

大众日报、齐鲁晚报和济南日报的记者都随同代表团前往临沂采访。

（五）中文行文中出现英文书名、报刊名称时用斜体

英文没有书名号，书名和报刊名称直接以斜体字来表示。例如：

（1）*The Red and the Black*（《红与黑》）。

但是，中文行文中出现英语文章的篇名时要用双引号标引，用正体。例如：

（2）他那篇"My Family"在刊物上发表后，引起了轰动。

也就是说，书名要用斜体，不加标点，而文章名要用正体，加引号。

（六）文章中括注引用内容的出处时标点符号的标引

括注引用内容的出处时，篇名和书刊名都要使用书名号。例如：

我国首次承诺"男女平等作为我国社会发展的一项基本国策"。（《在联合国第四次世界妇女大会欢迎仪式上江泽民主席的讲话》，《中国妇运》1995 年第 11 期）

（七）报刊、文件中的部分用引号

报刊、文件名用书名号，但其中的部分用引号。图书章节名也是如此。

例如：

（1）李丹老师发表在《山东女子学院学报》的文章对我启发很大，尤其是其中"中国新时期妇女参政：绩效分析"论述，更是让我茅塞顿开。

再如：

（2）《老人与海》分"老人与孩子""出海""远航""飞鸟与鱼""相遇""较量""捕获""返航""鲨鱼""战斗""回家"等 11 章内容。

（八）版本说明在书名号外

不同版本的说明，如书的"修订本"、刊物的"合订本"、报纸的"山东版""河南版"等，可以不看作书报名本身。行文中称述这类说明的书报时，一般将括注放在书名号的外面。而"草案""征求意见稿"等等，则应该加活号放在书名号之内。例如：

（1）《老人与海》（彩绘本）；《傲慢与偏见》（中文版）；《傲慢与偏见》（英文版）；《英汉双语词典》（缩印本）；《动物世界》（多卷本）；《山东女子学院学报》（2017年合订本）；《参考消息》（山东版）。

但这类版本说明有时也不用括号，直接跟在书名号后；特别是在括注中，因为已经有括号，所以版本说明的括号可以省去。例如：

（2）他刚刚买了一本《现代汉语词典》2002年增补本；《参考消息》山东版2003年3月10日第1版。

（九）序用书名号的表示

当只表示某篇文章的序，而不包括文章正文时，序在书名号内，举例如下。

（1）《〈十万个为什么〉序》

当文章正文和序同时出现时，则用如下方式表示，此条多适用于古文。

例如：

（2）《琵琶行（并序）》

（十）书名与篇名连用时都在书名号内，中间加间隔号

当书名与该书中的篇名连用的时候，先写书名，然后再写篇名，中间用间隔号隔开，最后加上书名号。例如：

《史记森林报·森林里派来的第五个电报》

（十一）引号和书名号在"题为……""以……为题"时的区别

"题为……""以……为题"中的"题"应根据其类别分别按书名号和引号的用法处理。例如：

（1）习近平主席在世界经济论坛 2017 年年会开幕式上发表了题为《共担时代责任共促全球发展》的主旨演讲。

（2）题为《试论中国特色社会主义制度下党政资源的整合》的文章，发表在《理论学刊》2007 年第 7 期上。

（3）"我的理想"这样的题目，一般学生都会写过。

（4）周六下午，一个以"我的资本我做主"为题的有关资本的管理活动将在山东女子学院操场的大槐树下举行，主讲老师是山东大学的博士生导师刘文。

（十二）不能滥用书名号

不能视为作品的课程、课题、奖品奖状、商标、证照、组织机构、会议、活动等名称，不应当用书名号。错误例子如：

（1）这学期我们要开设《电子商务》课。

（2）《苹果》牌手机很不错。

（3）《山东女子学院学报编辑部》编辑力量比较雄厚。

（4）我校刚刚召开了《国际女性研讨会》。

（十三）要根据意义选择是否使用书名号

比如文艺晚会指一项活动时，不用书名号；特指某一种节目名称时，则要用书名号。例如：

（1）2017 年新春联欢晚会受到全国广大观众的称赞。

（2）中央二台要重播《2017 年新春联欢晚会》。

（十四）书名、篇名末尾的叹号或问号，应放在书名号里边

书名、篇名末尾的叹号或问号，应放在书名号里边。例如：

（1）《这个孩子何罪之有！》

（2）《如何做到男女平等？》

第四节　　容易用错的标点符号

一、句号

1. 在段首相当于小标题的词语后面一般需要使用句号。

例如：编辑工作的内容主要包括：

第一，选题。

第二，组稿。

第三，审读。

第四，加工。

第五，校对。

2. 在图注、表注的末尾一般不加句号。

3. 如果图表的说明文字在图表的上方，则说明文字一般不加句号；如果图表的说明文字在图表的下方，那么，说明文字末尾就需要加句号。

例如：经过文明城市创建工作期间的努力，济南市的市容市貌发生了非常大的变化。这是市中区阳光舜城小区一景。

二、问号

1. 问号叠用应该按照先单用再叠用的原则，叠用的问号数目一般不

能超过 3 个。不能在没有使用单个问号的情况下，直接叠用问号。而且，还要注意：如果两个问号叠用，只能占一个字的位置，而三个问号叠用时占两个字的位置。

例如：这是为什么？这到底是为什么??

2. 在有称呼语的句子里，问号不宜紧跟问话，而应该放在称呼语后边。

例如：小王今天到底怎么了，张晓芳?

三、感叹号

1. 如果需要表达的反问语气强烈，可以用感叹号来代替问号。

例如：王丽那样一个人，怎么会轻易放弃!

2. 感叹号的叠加使用与问号叠加使用不同。下列两种情况可以叠加。第一，表示声音特别大或声音不断加大的时候，可叠加使用感叹号。

比如：哇!!! 大家一起大叫起来。

第二，表达强烈语气时，也可叠加使用感叹号。

比如：王强森怎么能够这样!!

第三，不能看见语气词，或者看到句子带感情就使用感叹号。

比如：他的故事呀! 可真是永远也讲不完! 第一个感叹号使用错误，应该将其改为逗号：他的故事呀，可真是永远也讲不完!

四、问号和感叹号的特殊用法

问号和感叹号除了和句号可以用来结束一个句子外，还能够表达出强烈的情感，因此，常常会和其他标点符号连用。比如：

（1）他如此不讲理，也太……!

（2）他好像就没有看到到李院长问"这个事情为什么没有做成功?"

时脸上奇怪的表情，只是双眼无神地盯着地面。

（3）王强森怎么能够这样？!

需要注意的是，问号和感叹号连用时占一个字的位置。

五、冒号

1. 冒号提示总结的问题末尾只能用问号、句号、感叹号等结尾，不能使用逗号、分号。

比如：他很奇怪：这样的事情怎么会发生在自己身上呢？

2. 一个句子中不能用冒号套冒号。这一点在前一节已经论及过，在这里仅举一例说明。

比如：周一开班会时，班主任强调：班里要严格两个进校制度：一是早晨 8 点以前到校，二是中午 1：30 以前到校。（第一个冒号应当改为逗号）

3. 一般说，冒号后面是句子，假如不是句子，那么列举的内容一定是几项并列的成分。

比如：老师让写形容词的时候，他因为没有理解透什么是形容词，一个也没有写出来，经过老师点拨，很快就写出了五个：高兴、悲伤、快乐、温暖、可爱。

六、括号

括号有几种：小括号（）；中括号［］；六角符号〔〕；方头括号【】。

不同的括号用法不同，各有其自己的使用范围。因为小括号的使用比较常见，此处略去不谈，只谈余下的 3 种。

1. 方括号［］用于标明作者国籍或所属朝代

例如：〔美〕马克·吐温的《汤姆·索亚历险记》

2. 方头括号【 】用于以下两种情况

第一，在报刊中，用以标明电讯、报道的开头。

比如：【新华社山东消息】

第二，用以标明被注释的词语。

比如：【莫言】山东高密人，中国作家协会副主席，2012 年诺贝尔文学奖获得者。

3. 六角符号〔 〕用于以下三种情况

第一，用以标明作者的国籍或所属的朝代，这个用法与方括号的用法一样。

第二，用以标明被注释的词语，这个用法和方头括号一样。

第三，用以标明公文发文字号中的发文年份。

比如：山东女子学院〔2018〕1 号文件

在实际编辑工作中，需要注意以下几点：

第一，为排版美观、方便阅读等需要，或为避免某一小节最后一个汉字转行或出现在另外一页的开头等情况，可适当压缩标点符号所占用的空间。

第二，有些标点不能居于一行的开头或一行的末尾，这样的要求不仅适用于横排的稿件，也同样适用于竖排的稿件。

第三，一般说，在稿件的标题末尾不使用标点符号，但有时候也可根据需要使用问号、感叹号、省略号等标点符号。

第五节 编辑容易用错的字

1. "安装"是正确写法，不能写成"按装"。

2. "安详"是正确写法，不能写为"安祥"。

3. "艾滋病"是正确写法，不能写为"爱滋病"。

4. "黯然"是正确写法，不能写成"暗然"。

5. "按部就班"是正确写法，不能写成"按步就班"。

6. "抱怨"是正确写法，不能写为"报怨"。

7. "报道"和"报导"两个词，推荐用"报道"。

8. "爆发"和"暴发"。"爆发"多用于"火山爆发""情绪爆发""力量爆发"，表示因爆炸而发生，或用于抽象事物的突然发生；"暴发"多用于"山洪暴发""疾病暴发""暴发户"等。

9. "辩"和"辨"。和辩论等有关的，用"辩"，如"辩护""辩论"；和区别、辨别有关的，用"辨"，如"分辨率"。

10. "表率"和"表帅"，推荐使用前者。

11. "部署"是正确用法，不能错写成"布署"。

12. "备加"和"倍加"都可以用，两者的区别是所表示的程度不一样。

"倍"指加倍，如"倍加努力"；"备"则表示完全，如"备加青睐"。

13. "拨"和"拔"。两个字字形相近，意思不同，但很容易写错。例如"拨款"不能误写为"拔款"。

14. "完璧归赵"是正确用法，不能错写为"完壁归赵"。

15. "淡泊名利"是正确写法，不可错写为"淡薄名利"。

16. "博弈"是正确写法，不能错写为"搏弈"。

17. "长年累月"是正确用法，不能错写为"常年累月"。

18. "彩"和"采"比较容易混淆使用。彩用在"精彩""剪彩""彩排"等词语中；在"神采""兴高采烈"中用"采"。

19. "人才"是正确用法，不能写为"人材"。

20. "成规"和"陈规"的意思不同，"成规"是现成的规矩；而"陈规"则指老规矩，如"陈规陋习"，含贬义。

21. "不耻"和"不齿"的用法不同。"不耻"指的是把什么作为可耻的事情，比如"不耻下问"；而"不齿"则是指羞与为伍，比如"人所不齿"。

22. "侦察"和"侦查"的用法不同。"侦察"常用于军事；而"侦查"则常用于公安、检察、司法等部门。

23. "度"和"渡"。"度"用于和时间有关的句子中，比如："度过了一段美好的时光""欢度国庆"等；而"渡"用于和空间有关的句子中，例如："渡江""渡河"，也用于含有人为因素的句子中，比如"引渡回国"，还有"渡过难关""过渡时期"等也用"渡"。

24. "摄氏度"三个字不能分开使用。比如："10摄氏度"，不能写成"摄氏10度"。

25. "迭"和"叠"。在"重叠"和"峰峦叠翠"中只能用"叠"，不能用"迭"；而在"高潮迭起"中只能用"迭"，不能用"叠"。

26. 和汽车有关的"换挡""挂挡"等，只能用"挡"，不可写作"档"。

27. "第一""第二""第三"等只能用"一""二""三"等汉字，不能用阿拉伯数字，写成"第1""第2""第3"。

28. "偶尔"是正确写法，不可写为"偶而"。

29. "翻番"和"加倍"是完全不同的概念。"翻番"是两倍两倍地增加；而"加倍"只用来是表示某数的几倍。

30. "法人"指的并不是某个具体的人，不可把企业的总经理等"法人代表"当作"法人"，"法人代表"是"法人"的指定代表人。与"法人"相对的概念是"自然人"。

31. "蜂拥而至"是正确写法，不可写为"蜂涌而至"。

32. 关于"分"和"份"。在"犯罪分子""分内事""成分""分量""本分"等词中用"分"；而在"身份""月份""省份""年份"等词中用"份"。

33. "扶养"和"抚养"的含义不同。"扶养"是"养活"的意思，"扶养"的对象可以是长辈、平辈，也可以是晚辈；而"抚养"的对象一般是晚辈。

34. "复"并不是"覆"的简化字，在"覆盖""覆灭"等词语中，不可用"复"，只能用"覆"。

35. "副"与"幅"的区别使用。"幅"用于"一幅画"等，"副"用于"两副对联""一副笑脸"等，而用于汤药时，只能写作"一服药"。

36. "伏法"与"服法"的区别使用。"伏法"指的是罪犯被执行死刑，比如："就地伏法"；"服法"指的则是服从判决，比如："认罪服法"。

37. "赋予"和"付与"的区别使用。"赋予"指的是尊长高贵的一方给予别人，比如：人民赋予我们的责任，宪法赋予公民的权利等；而"付与"指的是给予某人钱款或物品。

38. "竿""杆""秆"。"竿"指竹竿；"杆"指的是细长的棍状物；"秆"则是指一些植物的茎，比如："麦秸秆"。

39. "冈"和"岗"的区别使用。"冈"指低而平的山脊，比如："山冈"；"岗"表示岗位、岗哨等。

40. "功夫"和"工夫"的区别使用。这两个词经常可以通用，但是，当用来表示占用的时间时，一般用"工夫"；而表示本领时，则一般用"功夫"。

41. "贯穿"和"贯串"的区别使用。这两个词有时候能够通用，但是，"贯串"一般用于相对抽象的事物；"贯穿"则既可以用于抽象的事物，也可以用于比较具体的事物。

42. "合龙"和"合拢"的区别使用。"合龙"特指堤坝和桥梁的闭合；而"合拢"则也可以指堤坝、桥梁以外的事物的闭合。

43. "宏大"和"洪大"的区别使用。"宏大"用于指规模和支援等；而洪大则用来指声音等。比如："规模宏大""声音洪大"。

44. "候"和与"侯"的区别使用。候用于"等候""候选人""时候"等词语中；而"侯"只有两个用处：第一用于指姓，第二是用于指古代贵族的一种爵位，比如："侯爵"等。

45. "划"和"画"的区别使用。"画"指用手、脚等做出某种动作，比如："画画""指手画脚"；而"划一般用于""规划""计划"等词语中。

46. "会合"和"汇合"的区别使用。"会合"有相会的意思；而"汇合"没有相会的意思。

47. "化妆"和"化装"的区别使用。"化妆"一般指使用脂粉等使容貌变得漂亮；而"化装"指的则是演员为扮演角色所做的修饰等。

48. "荟萃"是正确用法，不要误写为"荟翠"。

49. "轰然"和"哄然"的区别使用。"轰然"形容声响巨大；而"哄然"用来指人声大，比如："哄然大笑"。

50. "震撼" 是正确用法，不能写为 "震憾"。

51. "竟然" 是正确用法，不能写为 "竞然"。

52. "竣工" 是正确用法，不能写为 "峻工"。

53. "一年之计在于春" 是正确用法，不能写为 "一年之季在于春"。

54. "简朴" 和 "俭朴" 的区别使用。"简朴" 不仅指生活方面，还用来指语言和文笔等。

55. "接合" 和 "结合" 的区别使用。"接合" 的对象是具体的；而 "结合" 的对象则比较抽象，如 "城乡接合部" "理论结合实际"。

56. "截止" 和 "截至" 的区别使用。"截止" 指的是一个过程的停止；"截至" 指的则是在一个过程的某个时间点。"截至昨天" 是正确用法，不能错写为 "截止昨天"。

57. "界限" 和 "界线" 的区别使用。"界限" 用于抽象事物；而 "界线" 则用于具体事物。

58. "几率" 是正确用法，不能写为 "机率"。

59. "决不" 和 "绝不" 的区别使用。"决不" 的意思是决心不，表达的是主观上的态度；而 "绝不" 的意思是 "绝对不"，多强调客观方面，比如："绝不允许"。

60. "记" 和 "纪" 的区别使用。"纪实" "纪行" 是正确用法，不能错写为 "记实" "记行"。

61. "嫉贤妒能" 是正确用法，不能错写为 "忌贤妒能"。

62. "家具" 是正确用法，不能错写为 "家俱"。

63. "请柬" 是正确用法，不能错写为 "请简"。

64. "精简" 是正确用法，不能写为 "精减"。

65. "娇纵" 和 "骄纵" 的区别使用。"娇纵" 和 "骄纵" 的词性不同，前者是动词，比如："娇纵孩子"，而后者是形容词，比如："骄纵惯了"。

66. "键"和"健"的区别使用。"关健"是错误用法，正确的是"关键"；"强键体魄"是错误用法，正确的是"强健体魄"。

67. "界"和"届"的区别使用。"届"用作"本届政协委员""新三届的学生"等中；而"工商界人士"中则不能用"届"，只能用"界"。

68. "桨"与"浆"的区别使用。"桨"指的是划船的用具；"浆"指的则是比较浓的液体。"螺旋桨"是正确用法，不能错用为"螺旋浆"；"纸浆"是正确用法，不能误写为"纸桨"。

69. "坐镇"是正确用法，不能误写为"坐阵"。

70. "厉害"和"利害"的区别使用。"厉害"指的是难以对付，"利害"指的是有利和有害两个方面。"他很厉害"是正确用法，不能误写为"他很利害"。

71. "再接再厉"是正确用法，不能误写为"再接再励"。

72. "俩"是"两个"的意思，所以不宜写成"俩个"等。

73. "连"和"联"的区别使用。"连"侧重相接，"联"侧重相合。"连日""连续""连接"是正确用法，不宜写作"联日""联续""联接"；而在"联合""联邦""联欢""对联"中则只能用"联"，不可用"连"。

74. "了了"和"寥寥"的区别使用。"寥寥"指很少，比如："寥寥几件衣服"；"了了"指的是清楚、明白的意思，比如"心中了了"。"寥寥无几"是正确用法，不能误写为"了了无几"。

75. "另"不是"零"的简化字，注意在"零件""零售""零碎"等词语中，只能用"零"，不能用"另"。

76. "啰唆"是正确用法，不能误写为"罗嗦"。

77. "练"和"炼"的区别使用。"练"和丝有关，而"炼"与火和加热有关。比如"简练""洗练"中用"练"，而在"修炼""锻炼"中则用"炼"，不能用"练"。

78. "波澜"是正确用法，不能误写为"波斓"；"斑斓"是正确用法，不能误写为"斑澜"。

79. "美轮美奂"是正确用法，不能写为"美仑美奂"。

80. "不利"和"不力"的区别使用。"不利"指的是不顺利；而"不力"则用来指不尽力，比如"领导不力""出师不利"等。

81 "权利"和"权力"的区别使用。"权力"一般用来做"行使"等词的宾语，而"权利"则常用来做"享有"等的宾语。比如"权力机关""行使权力"等。

82. "临"和"邻"的区别使用。"相邻的街道"是正确用法，不能误写为"相临的街道"；"临街建筑"是正确用法，不能误写为"邻街建筑"。

83. "迈"指的是"英里"，而不是指公里。

84. "谜团"是正确用法，不能误写为"迷团"。"真是个谜"是正确的，不能错写为"真是个迷"。

85. "哈密瓜"是正确写法，不能错写成"哈蜜瓜"。

86. "明日黄花"是正确用法，指的是过时的东西，"昨日黄花"的写法其实是错误的。

87. "明"和"名"的区别使用。"明信片"是正确用法，不能误写为"名信片"；"名片"是正确用法，不能误写为"明片"；"明星"是正确用法，不能误写为"名星"。

88. 在有些句子中，"哪里"不能错写为"那里"。比如："领导指向哪里，我们就做到哪里"是正确用法，将其中的"哪里"改为"那里"就是错误的。

89．"蓬"和"篷"的区别使用。"帐篷""顶篷"是正确用法，不可写为"帐蓬""顶蓬"。

90．"青"和"轻"的区别使用。"年轻人"是正确用法，不可写为"年青人"，而"年青有为"是正确用法，不可写为"年轻有为"。

91．"起用"和"启用"的区别使用。"起用"一般和人有关；而"启用"则一般和物有关。

92．"情节"和"情结"的区别使用。"情结"指的是情感纠葛，比如："恋母情结"；而"情节"是指故事发生的经过，比如："故事情节"。

93．"困扰"是正确用法，不能误写为"困绕"。

94．"启事"和"启示"的区别使用。"启事"指的是面向公众说明某项事情的文字；而"启示"则是启发指点的意思。

95．"国是"和"国事"的区别使用。"国是"指的是国家大计，比如："共商国是"；而"国事"则用来指国家的大事。

96．"擅长"是正确用法，不能误写为"善长"。

97．"事迹"是正确用法，不能误写为"事绩"。

98．"树立"和"竖立"的区别使用。"树立"指的是建立，一般用来指抽象的东西；而"竖立"一般则用来指具体的东西，比如："竖立牌子"。

99．"诵读"是正确用法，不能误写为"颂读"。

100．"雾凇""雨凇"是正确用法，不能误写为"雾淞""雨淞"。

101．"无所适从"是正确用法，不能误写为"无所是从"。

102．"拴"和"栓"的区别使用。"栓"是名词；而"拴"是动词，比如："马栓""拴马"。

103. "授权"和"受权"的不同。"授权"是给予，"受权"是接受。比如："授权发布"不能用作"受权发布"。

104. "蒜薹""菜薹"是正确用法，不能错写为"蒜苔""菜苔"。

105. "骛"指的是纵横奔驰，而"鹜"指的则是鸭子。"好高骛远""趋之若鹜"是正确用法。

106. "惟妙惟肖"中用"惟"是规范用法，不能写为"唯妙唯肖"。

107. "翔实"和"详实"两个词可以通用，但提倡用"翔实"。

108. "寒暄"是正确用法，不能误写为"寒喧"。

109. "笑眯眯"是正确用法，不能误写为"笑咪咪"。

110. "泄"和"泻"的区别使用。在"泄漏""泄洪""泄密""泄愤"中用"泄"；而在"上吐下泻""一泻千里""倾泻"中用"泻"。

111. "萧瑟""萧条"是正确用法，不能误写为"肖瑟""肖条"。

112. "学历"和"学力"的区别使用。"学历"一般用来指学习的经历；而"学力"一般用来指学习所达到的程度。

113. "形"和"型"的区别使用。在"形影不离""地形""图形""喜形于色"等中用"形"；而在"新型""型号"中用"型"。"原形"和"原型"都可以用，但意思不同。

114. "霄"和"宵"。前者用来指云、天空，后者则是指夜晚。"夜宵""元宵"是正确用法，不能误写为"夜霄""元霄"。

115. "反应"和"反映"的区别使用。"反映灵敏"是误用，应为"反应灵敏"。"反映"指的是人们对外部事物的认识与表达。

116. "帐"和"账"的区别使用。"账目""账号"是正确用法，不能误写为"帐目""帐号"。

117. "州"和"洲"的区别使用。"州"一般用来指行政单位；

"洲"则一般用来指河流中的陆地,比如:"绿洲""沙洲"。

118."燥"和"躁"。"燥"是指干燥,"躁"则是指性急。比如:"脾气躁""性子躁"用"躁"。

119."住"和"驻"的区别使用。"住"泛指居住;"驻"则特指为执行公务而留住某地。

120."坐落"是正确用法,不能误写为"座落"。"座垫"是误用,应该写为"坐垫";"座像"是错误的,应该写为"坐像";"坐班""坐落"是正确的,不能写为"座班""座落";"茶座、座次"是正确用法,不能误写为"茶坐""坐次"。

121."赃"和"脏"的区别使用。"销脏""人脏俱获"是错误的,应该写为"销赃""人赃俱获"。"脏"指不干净,比如:"裤子脏了"。

122."只""支""枝"。"一枝重要的力量"中,"枝"是错的,应当改为"支";"我有两只笔"中"只"是错的,应为"支"。用作量词时,"只"一般用于动物,"支"一般用于队伍,而"枝"则用于指细长的东西。

第六节　编辑工作中常见的字词问题

一、"不止"和"不只"的用法比较

"不只"是一个连词,一般用在递进关系的复句当中,意思和"不但""不仅"有相通之处,表示除了所说的,还有进一步的状况,表达出的是语意上的递进。在它后边的分句里,一般都会跟上与其呼应的词语——"而且""并且"等。举例如下:

(1)他如今不只学习成绩好了,而且人也变得开朗了好多。

（2）这个办法不只适合社会与法学院的学生，并且适合文化传播学院的学生。

（3）他种的这些花不只供人们观赏，也能用来做花露。

和"不只"是连词不同，"不止"则是动词，它包含两个方面的含义：

第一，是"不停止"。举例如下：

（4）知道了奶奶去世的消息，红红大哭不止。

（5）王刚一听到自己被录取的消息，即大笑不止。

（6）他的腿被狗咬了，血流不止、疼痛不止。

第二，是超出了某个数量或范围的意思。这个意思的"不止"经常被用到，而且也很容易误写成"不只"。举例如下：

（7）小青不止一次向王老师推荐李刚。

（8）他做的其实不止这些。

（9）考上清华的，不止他见到的那五个学生。

二、"它"和"她"的几种常见用法

用来指称国家的时候，经常用"它"。举例如下：

（1）它是我们中国的邻居。

（2）它的国土面积的确不大。

（3）它在世界文明史上有着举足轻重的地位。

但是，当用来指称自己的祖国并且带有敬重的含义的时候，则一般会用"她"。举例如下：

（4）她永远在每一个海外游子的心中。

（5）她的一切始终牵动着每一个海外游子的心。

一般来说，指称某个人的雕像时，可用"它"。例如：

（6）它矗立在广场的中央。

（7）它是用大理石雕刻而成的。

但是，当把雕像当作人来描写的时候，可以用"他"，也可以用"她"。

举例如下：

（8）一进山东师范大学的北门，就能看到毛主席塑像，他站在那里，向人们挥手致意。

当用来指称佛的时候，也可以用"他"。比如：

（9）进入佛堂的人们都向他祈祷，祈祷他能给自己带来好运。

三、"带"与"戴"、"佩带"与"佩戴"的用法比较

"带"，意指随身携带的意思，"带"的宾语涵盖面很广，既可以是物，也可以是人。举例如下：

（1）向红从家里带了两个馒头。

（2）那个在逃犯身上带着武器，不可轻易靠近。

（3）李宏带的行李很多，好几个人帮忙才装到了车上。

"戴"，一般是指把东西加在头、面、颈、手等部位。"戴"的对象一般是帽子、戒指、手表、小黄帽、手套等。例如：

（4）阳阳戴上小黄帽，再戴上红领巾，然后又戴上眼镜，高高兴兴地出门上学去了。

（5）她先戴上假发，接着又戴上帽子和手套、大耳环等，走出了办公室大门。

（6）坐在被告席上的他戴着手铐。

"佩带"一般指的是把物品挂或别在身上，较常用的是指把枪等器械挂在腰上；而"佩戴"通常指的是把徽章等固定在身体的某个部位。

比如：

（7）他有心脏病，佩带着心脏起搏器呢。

（8）参会的警察都佩带了手枪。

（9）从这个人佩戴的肩章来看，职位应该不低。

（10）所有参加葬礼的人都佩戴着黑纱。

再有，在"戴孝""披星戴月"中，应该用"戴"，不应该用"带"，需要注意。

四、"定"和"订"的区别使用

"定"和"订"是非常容易混淆的两个字，现将二者的用法总结如下。

（一）订

在《现代汉语词典》中，"订"有两个意思，第一是经过研究商讨而立下条约等；第二是预先约定的意思。与"订"相关的词语主要有：订单、订购、订户、订婚、订货、订交、订金、订立（条文、协定）、订位、订阅、订正、制订（计划、规划、教义、方案）、拟订（章程）、订立（公约、盟约）、签订（条约、合同、协议、协定）、预订（报纸、酒席）、校订、考订、订计划、拟订（计划、方案）、订约、审订（书稿）、修订、征订、私订（终身）、兹订于……、代订、商订（吉日）、订包间、订约、参订等。

（二）定

在《现代汉语词典》中，"定"包含两层意思，第一是决定和使确定的意思；第二是约定的意思。相关的词语有：定编、定金、定钱、定亲、定位、定做、定制。拟定（规划）、审定（计划）、预定（计划、时间）、制定（宪法、章程、规程）、商定。

以上词语都是《现代汉语词典》第7版里收录的词条或在例句里出现的。其实在以上的词语中有几对最常用的是比较容易用混和用错的，下边分别对它们进行分析。

（三）"签订"和"签定"

《现代汉语词典》中只收录了"签订"一词，而没有收录"签定"。我们一般说"签订合同"，而不宜用"签定合同"。

（四）"制订"和"制定"

"制定"和"制订"用法有区别。一般来说，"制定"突出动作已经完成，而"制订"突出的是动作进行的过程。例如：

制定的用法：

（1）《信息与文献参考文献著录规则：GB/T7714—2015》是2015年制定的。

（2）针对个别职工早退和迟到问题，学校制定了相应的处理办法。

（3）为了鼓励孩子学习，他制定了一个奖励办法。

（4）针对他的身体出现的新的变化，会诊专家又制定了新的治疗方案。

（5）编辑部制定的灵活坐班制度已经经党委会讨论通过了。

"制订"的用法：

（6）奖励方案还在制订中，大家有什么建议都可以往上反映。

（7）编辑部正在制订进修计划，有望下周制定出来。

（8）王刚暑假准备出国，出国行程计划正在制订中。

（9）整个方案的制订过程中，得到了很多专家的帮助。

（10）项旭的出行方案已经制订了很久了，至今都还没有出来。

一般来说，只要在文字中没有特别说明计划或方案处在拟定过程中，就应该使用"制定"，处在拟定过程中的使用"制订"，从具体的实际应用来看，"制定"比"制订"用得多。

（五）"订金"和"定金"

订金：指的是预付款的意思。

定金：指的是一方为了确保合同的履行，而付给对方一部分款项。定金的作用有二：一是具有担保作用，二是用来证明合同成立。

"订金"和"定金"两个词虽然都是购买或租赁时预先付给的作为成交保证的一部分钱，但其词义偏重不同。定：意思是确定。"定金"词义重，强调不可变更，在法律上有担保合同履行的作用，未成交时，如何追回或返还有法律规定。订：意思为预约，也就是商量后决定的意思。"订金"词义轻，不强调到时候不可变更，不具有法律效力，如果最终没有成交则应该返还。

（六）"预订"和"预定"

"预订"和"预定"两个词都有预先确定的意思。

订：原意是评议，引申为研究商讨后而定下来。"预订"的词义较轻，重订购，通常可以退还。

定：原意是安定，引申为决定下来。"预定"的词义较重，重约定，一般不可变更。

"预订"和"预定"适用范围不同。"预订"一般用于货物、车票、酒店的房间或书报等有数量的具体事物。"预定"广泛用于各种预先规定或约定，即凡能确定的时间、计划、方案、思路等事物，无论抽象还是具体，都可用；但一般不用于"预订"支配的事物。

（七）"拟订"和"拟定"

"拟订"和"拟定"都有起草的意思。

拟：指的是设计、起草的意思。订：指经过研究商讨而定下。"拟订"是同义语素构成的联合结构，重起草订立的过程，不强调结果的不可变更性。

定：是决定、使确定的意思。"拟定"是中补结构，强调起草好了，确定下来了，不可轻易变更。

（八）"审订"和"审定"

"审订"和"审定"两个词都有审查、审阅之义。

订：指修订，也就是改正文字中的错误。"审订"是为了进行订正、修改，只指动作本身，不强调已经完成，只适用书面文字。

定：是决定的意思。"审定"是为了做出决定，强调动作已经完成，适用各种具体和抽象的事物。

（九）"定做""定制""订制"

《语言文字报》原主编杜永道在回答读者"私人订制"的"订制"是否应当写成"定制"时是这样说的：

"定制"有"专门为某人或某事制作"的意思。也就是说，"定制"可以用来表示按照某人或某事的具体要求或者根据某人、某事的具体特点来制作。

例如：

（1）王老师特意为他定制了一个皮包。

（2）她太胖了，很难买到合适的衣服，所以，她穿的衣服都是专门定制的。

（3）姚明长得太高了，睡一般的床根本不行，只能专门定制。

（4）她在剧组有特殊待遇，其他演员的衣服都是租来的，只有她的是定制的。

（5）母亲的 80 岁生日到了，他特意去蛋糕店定制了蛋糕。

（1）至（5）中的"定制"，也可说成"定做"。但是，"定制"跟"定做"有一点不同，就是"定做"口语中说得多些，而"定制"有书面语色彩，多用于书面语。

而"订阅""订房间""订票"等说法多跟需要预付款项有关。例如：

（6）学报编辑部决定订阅明年全年的《中国妇女报》和《中国新闻出版报》。

（7）他提前赶到了宾馆，给所有人都订了房间。

（8）因为参加考试的人很多，他们怕到了以后找不到住的地方，所以提前订了房间。

（9）你订的连衣裙后天能够寄走。

（10）他把订单填好了，等一下就可以寄走。

另外，根据习惯写法，宜写"订婚"，不宜写"定婚"。其中的"订"可以理解成"订立"的意思。

五、"蕴涵""蕴含""蕴藉"的使用

"蕴涵"是逻辑学中用到的词汇，《现代汉语词典》中对"蕴含"的解释是"包含"的意思。比如：

（1）王总工程师话说的虽然不多，但却蕴涵着很深的思想内涵。

（2）不要看他个子不高，但浑身上下蕴涵着一种让人无法抵抗的力量。

（3）这部长篇小说蕴涵了作者对父亲和母亲的深深的愧疚之情。

《现代汉语词典》中的"蕴涵"除了表示上述逻辑上的一个词汇外，还有另一个解释：同"蕴含"。也即："蕴涵"的一部分意义和"蕴含"是相同的，在表达这部分意义的时候，"蕴涵"和"蕴含"就是异形词。从《现代汉语词典》的解释中可以看出，表示"包含"的意思时，词典推荐使用的是"蕴含"而不是"蕴涵"。因此在写作过程中表示"包含"的意思时推荐用"蕴含"，不推荐用"蕴涵"，更不能一篇文章或一本书中前后使用不一致。

"蕴藉"指的是言语、文字、神情等比较含蓄、不显露的意思。比如：

（4）他写的这首诗意味蕴藉，非常值得人们仔细品味。

（5）听了丈夫的一番解释后，她虽然没有表达什么，但脸上却露出了一丝蕴藉的笑容。

（6）张校长说的话含意蕴藉，需要仔细琢磨才能真正领会。

（7）他是一个非常谦恭、温和的人，处事一向蕴藉，不露锋芒，深得领导信任。

通过以上的分析我们能够发现，"蕴藉"的意思是"含蓄而不显露"，没有"包含"的意思，因此和"蕴含""蕴涵"不存在交叉使用的问题。

六、"片段"和"片断"的不同用法

一般来说，"片段"指的是整体中相对完整的一个段落，经常用于文章、小说、戏剧等。例如：

（1）书上摘录的这个片段是他写的那部小说的第三章。

（2）"刘姥姥一进荣国府"为《红楼梦》中的一个片段。

（3）小红找了小说中的一个片段给同学们朗读。

而"片断"指的则是零碎的、不完整的一些内容。比如：

（4）我刚才谈的只是一些片断的经验，回去还要好好归纳一下。

（5）他保存了当时会议的片断录音。

（6）对在新疆的生活，我只有零星片断的记忆，很难梳理出一篇像样的文章。

七、"但""却"的使用问题

某稿件中说："他说的那个项目还算不错，但却不像他所说的那么好。"有人认为，上面这句话里的"但""却"都表示转折，用在一起就重复了，不合适。可是，现在在书面语言中使用这种说法的情况很常见。比如我们经常会听到下面这样的说法：

（1）他拉得虽然不是很熟，但却基本传递出了作品蕴含的意义。

（2）他思绪很多，时间虽然已经很晚了，但却怎么也无法入眠。

（3）大家都同意他的思路，但李明却有不同看法。

（4）大家在县城的饭店给他准备好了午餐，但他却去了村里。

从语感上说，上面的两句，我们都不觉得太别扭。这是由于"但""却"放在一起使用，有强调转折意味的作用。

另外，汉语中词语有双音化的趋向，说成"但却"后，成了双音节词语，易于跟其他双音词在语音节奏上搭配。还必须注意，这种说法要把"但"放在前面，把"却"放在后面，而不是相反。"但却"在用法上是个"离合词"，

（1）至（2）中"但""却"组合在一起使用，（3）至（4）则是两者分开使用。

在编辑工作中，或者我们自己写文章时，最好不使用"但却"，而将"但"或者"却"分开使用，以求文字精练。可是，我们审读作者的

稿件时，又不宜将"但却"看作"硬伤"。

八、"嘛"和"吗"的区别使用

"嘛"和"吗"是两个生活中比较常用的词，也是经常被写错的，最常见的就是把"吗"写成"嘛"。

（一）"嘛"的意义和用法

"嘛"只有 ma（轻声）一个读音。它是个语气助词，无实在意义。按照《现代汉语词典》的解释，"嘛"其实有两种用法：一是用在句末，表示陈述或祈使语气。比如：

（1）这也不能怪他，头一回做嘛。（陈述句）

（2）你走快点儿嘛！（祈使句）

二是用在句子中间，表示短暂的停顿，以引起听者对下面所说的话的注意。比如：

（3）科学嘛，就得讲究实事求是。

了解了"嘛"的用法，当然不能用"嘛"的地方就可以用"吗"了。

（二）"吗"的意义和用法

"吗"有三个读音。ma（轻声）、má（二声）和 mǎ（三声）。

1. 读 mǎ（三声）

常见于药物名称：吗啡、吗丁啉。

2. 读 ma（轻声）

语气助词，无实在意义。有三层意思。

第一层意思：在句末表示疑问。例如：你还有什么问题吗？

第二层意思：在句末表示反问。指用"问"句的形式表示肯定或否定的一种无疑问而问的疑问句。例如：

（1）你不是说这样做不行吗？

（2）我们不是下午 6 点钟下班吗？

（3）酒后开快车，这不是作死吗！

（4）太冤枉了，这不是拉我垫背吗！

这种句子的结尾一定要用"吗"，而不能用"嘛"。

第三层意思：在句中表示停顿，可以和"嘛"互换。"吗"和"嘛"的用法，也就在这层意思上互通，除此之外一定不能混用。

3. 读 má（二声）

读第二声时，它不是语气助词了，而是疑问代词了，它就有实在意义了，相当于什么。干吗？／吗事？／你说吗？／要吗有吗。还有广告里说的：吃吗吗香。

在这种用法里，"吗"可以换成"什么"。

九、"的、地、得"不分的问题

在汉语书面语中，"的"是定语的标志，"地"是状语的标志，"得"是补语的标志。在一般情况下，三者的区别是显著的，但有的时候容易用错。下面说说几种容易用错的情况。

先说"的"跟"地"。我们知道，定语的后面写"的"，状语的后面写"地"，一般不会错。有一种情况容易搞错：在偏正词组中，修饰成分是双音节形容词，中心语是双音节动名词（具有名词作用的动词），容易用错。例如"彻底 DE 解决"就属于这种情况。遇到这种情况判定用"的"还是用"地"的方法是：

如果这个词组处于主语或宾语的位置，写"的"，如果处于谓语的位置，写"地"。下面以"彻底 de 解决"为例来具体说明：

（1）彻底的解决，还需要一些时间。

（2）矛盾得到了彻底的解决。

（3）这个长期困扰我们的难题已经彻底地解决了。

（4）我们必须彻底地解决这个阻碍当地农村经济发展的问题。

（1）中"彻底 de 解决"处于主语的位置，（2）中"彻底 de 解决"处于宾语的位置，所以这两个句子中都用"的"。（3）（4）中"彻底 de 解决"都处于谓语的位置，所以用"地"。其中（3）"彻底 de 解决"不带宾语，（4）"彻底 de 解决"带宾语。

应当注意，有的时候这种偏正词组充当宾语的时候，"的""地"都能使用，但用"的"跟用"地"意思有细微差别。例如：

（5）他喜欢剧烈的运动。

（6）他喜欢剧烈地运动。

体味一下这两个句子会发现，（5）是说喜欢很用力、动作猛烈的运动项目，也就是说，表明的是喜欢的运动种类。（6）是说喜欢很用力、动作猛烈地进行运动，也就是说，表明的是喜欢的运动方式。这时，要根据表达的意思来细心确定使用"的"还是"地"。

再说"得"跟"的"在使用中易混用的情况。

有的时候，句子里可以用"得"，也可以用"的"，都说得通，不过意思有区别。例如：

（7）快得谁也追不上。

（8）快的谁也追不上。

（7）是述补结构，整个句子是说明"快"的程度。（8）中的"快的"是名词性的"的"字结构，整个句子是主谓结构。这里的"快的"是说话人所指的某个人或事物，例如可以用来指跑步跑得快的人："参加 1500 米比赛的运动员不少，慢的落在后面老远，快的谁也追不上，一眨眼就不见了。"

再如：

（9）做得非常好。

（10）做的非常好。

（9）是述补结构，整个句子是对"做"这一行为的结果的说明。同时，也可以看做是对"如意"的程度的说明，是对"好"的程度的判定。因此，这种句子可以看做是"说明结果或程度"。（10）是主谓结构，其中的"做的"是名词性的"的"字结构。这里的"的"字结构是用来指某一事物的，例如可以用来指学生的手工习作："街上卖的功能单一；同学们自己做的非常好，质量不错，功能多样，样式也很新颖。"

"得"跟"地"也有容易混淆的情况。例如：

（11）高兴得跳起来。

（12）高兴地跳起来。

这两个句子都能成立，但意思有所不同：

（11）是说明当事人的心情，语意侧重在"高兴"。我们可以将其扩展，使意思更显豁，例如："刘敏听说自己考上了市重点大学，高兴得跳了起来。"因此，"高兴得跳起来"是说"高兴"的程度。

（12）是说明"怎么样跳起来"，语意侧重在"跳"，我们可以将其扩展，例如："王东辉刚到操场，几个同学就邀请他跳绳，王东辉跟同学们一起高兴地跳起来。"所以，"高兴地跳起来"是说"跳起来"时的状态。

因此，需细致地根据表达的意思来选择"得"或"地"。比如，"这次测试，她考 de 特别出色"中，应该用"得"；"村民们正在紧张 de 收割麦子"中，应该用"地"。

还应注意：

1. 在介宾结构中，宜用"的"。例如：

（13）通过艰苦的努力他们取得了成功。

（14）对这个问题的研究，已经取得了初步成果。

（15）关于中文系的讨论，我知道得不多。

2. 动词重叠式不论处于什么语法位置，其前面都宜用"地"。例如：

（16）认真地听听别人的发言会有收获的。

（17）我必须仔细地研究研究。

（18）深入地分析分析是非常必要的。

3. 助动词做状语时，后面充当中心语的偏正结构此时是谓词性的，中间宜用"地"。例如：

（19）应当细心地研究这个问题。

（20）我可以慢慢地走。

（21）我能够安心地工作。

4. "在……上""在……下""在……中"中间插入的词组是名词性的，词组中宜用"的"。例如：

（22）在多数群众参与讨论的基础上，大家逐步形成一个统一的意见。

（23）在新的能源基地的建设上，他们想了很多办法。

（24）在不造成污染的情况下，咱们可以考虑这个项目。

（25）在李书记得力的领导下，我们县的植树造林取得很大成绩。

（26）在不懈的努力中，他们终于取得了成功。

另外，指示代词表示某种性质或程度时，形成了状中结构，按理说指示代词跟形容词之间宜用"地"。例如：

（27）油菜花那么地黄。

（28）他这样地勇敢。

（29）这件事如此地神奇。

但是，就日常所见而言，似乎使用"的"的情况比较多些，也就是把（14）至（16）写成：

（30）油菜花那么的黄。

（31）他这样的勇敢。

（32）这件事如此的神奇。

对待这类情况宜宽容对待，不一定非改成"地"。当然，也可以把中间的"的"删去，改为：

（33）油菜花那么黄。

（34）他这样勇敢。

（35）这件事如此神奇。

有时候，在动词或形容词后面出现"得"，且"得"后没有其他词语时，常用来表示"无法形容"的意思。例如：

（36）整天不梳头，看你头发乱得。

（37）瞧把你高兴得，好像捡了个大元宝似的。

（38）表演系考试发榜了，这两位考生榜上有名，看把她俩美得。

（39）听了这番话把老人家气得。

（40）瞧你说得！我是这样的人吗？

（36）至（40）中，"得"后面的话都没有说出来。这种说法是表示某种程度很高，简直没法形容。其中（35）是说头发乱得没法形容。（36）是说心情愉悦，简直没法形容。（37）是说考上表演系的两个人心里美滋滋的，美得简直没法形容。（38）是说老人家气得不得了，生气的程度都没法形容。（39）是说对方的话太离谱，离谱得没法形容。这些地方的"得"都不宜用"的"来替换。

十、"看"和"见"以及"听"和"闻"的区别使用

"看"和"见"有主动和被动的差异。"看"是一种主动的行为。而"见"是一种被动的接收行为。例如：我们不能把"只见一个黑影"说成"只看一个黑影"。这是由于先有黑影，引起人的注意，然后才有动作，这个动作是被动的。又如："看守所"不能改称"见守所"，因为，对犯人的监视行为是主动的。

"听"和"闻"也存在主动和被动的不同。听是主动听取希望听到的声音，闻是被动听到声音。比如可以说"小芳非常喜欢王菲唱的歌"，而不能说"小芳非常喜欢闻王菲唱的歌"；与此类似，我们可以说"充耳不闻"，而不能说"充耳不听"；可以说"闻所未闻"，而不能说"听所未听"。

十一、原来和本来的异同

（一）可以通用的情况

当事物发生了变化，在句子中作前后对比的时候，这两个词的意思和用法几乎很难分辨，推荐使用"原来"，因为"本来"强调的时间比较久。例如：

（1）多年不见了，王老师还是原来（本来）的样子，一点都没发生变化。（用在抽象名词的前面）

（2）小红原来（本来）很讨厌吃羊肉，当她从专家讲座中了解了羊肉对身体的好处后，就开始喜欢上了吃羊肉。（用在动词前面）

（3）他原来（本来）有三篇论文，又写了两篇，报职称就完全符合条件了。（用在动词前面）

（二）二者的不同

从词的意义上讲，这两个词都可以表示"过去的某个时间"，但是意义的侧重点不同。

原来：只表示过去的某个时间。

本来：从最初开始到目前的这样一个时间段，表示"从一开始就怎样"。

意义不同，所以使用起来也就会有区别。

1. 只能用"原来"的情况

第一，在具体名词的前面，只能用"原来"，不能用"本来"。例如：

（1）原来的饭店不太好，因此他又换了一个。

（2）原来的房子太旧了，他们又买了一套新的。

第二，"原来的"或"原来+动词+的"。"原来"可以和动词一起说成"原来+动词+的"，也可以省略动词直接说"原来的"。比如：

（3）这件衣服是我原来买的，现在看有点过时了。

（4）这件衣服是原来的，现在看有点过时了。

第三，"原来"可以表示现在知道了以前不知道的情况，常与"怪不得"连用；用在对话中常说"原来如此"或"原来这样"。例如：

（5）怪不得好久没见到他了，原来是生病请假休息了。

2. 只能用"本来"的情况

第一，"本来"表示按道理就应该这样，常和"就"一起用。例如：

（1）本来他做的就不对。

（2）本来她就应该照顾老人。

第二，"本来"还表示同意别人的看法或观点。比如：

（3）A：这本小说挺好看的。

B：本来嘛，它的作者是现在最有名的。

（4）A：你看了我的文章，是不是觉得我可以当个作家？

B：你本来就是啊。

十二、"未来"和"将来"的区别使用

"未来"和"将来"都可以表示"以后的时间"，都可以翻译成 future。

汉语词典上的解释是这样的：

将来：时间词，现在以后的时间（区别于"过去、现在"）。

未来：现在以后的时间；将来的光景。

这就比较容易让人误以为这两个词是一样的。于是，就会有这样的句子：

未来我想嫁给你。

乍一看，好像有问题，再读一读，好像又可以。到底怎么回事呢？

从"未"和"将"的意思看，"未来"的"未"是"没"的意思，"未来"就是还没有到来的时间。例如：

（1）我们的教育事业要面向未来。

（2）谁都不知道未来会有什么情况发生。

"将来"的"将"是"马上、将要"的意思，"将来"就是"将要到来的时间"例如：

（3）我长大了想当科学家。

（4）我将来想当科学家。

这两个句子都可以谈理想，"长大了"可以说明"将来"是可以到来的时间。

这样看来，这两个词的意思是有差异的，而且"将来"是时间词，

所以在和"过去、现在"做对比的时候，应该用"将来"。例如：

（5）昨天、今天和明天就代表着过去、现在和将来。

通过上面的分析，我们可以看出，"将来"和"未来"是各有自己主要的使用场合的。下面的情况一般来说要用"将来"：

（6）将来你打算做什么？（谈理想）

（7）在不远的将来，清洁能源就会完全取代煤炭等传统能源。（谈能实现的事情）

（8）现在我们要努力学习，将来才不至于后悔。（和"现在"对比）

可见，"将来"表达的时间离现在不一定非常远，而且总会到来。

下面的情况一般来说要用"未来"：

（9）我们对未来要充满信心，因为未来就掌握在我们手中。

（10）孩子是祖国的未来。

（11）未来人类社会怎样发展，谁都无法预料。

一般说，"未来"表达的时间离现在更远、表达的意义更抽象。如果上面的句子用"将来"的话，也是可以的，但是和"未来"所表达的语感和语义会有一些不同。

"将来"的使用范围比"未来"大。在表达很远的时间、很抽象的意义的时候，最好用"未来"。而在仅表示一个时间的时候，"未来"的书面语色彩更浓一些。例如一首歌的名字叫"我的未来不是梦"。

十三、"立刻"和"马上"的区别使用

在我们的惯常认识中，会有这样的一种印象：觉得能用"立刻"的地方都能用"马上"，这两个词好像没什么差异。

《现代汉语词典》对"马上"的解释也是"立刻"。而它对"立刻"的解释是："表示动作行为紧接着某个时候；马上"。

这种解释在训诂学里叫"互训"，意思是同义词或近义词相互解释。工具书篇幅有限，这样解释也没什么不妥。但作为编辑，在长期的实践过程中，笔者认为在有些情况下还是应该对二者区别使用的。

（一）二者可以交换使用的情况

这两个词都是副词，都可以表示时间短、动作快。比如：

（1）你给我立刻（马上）出去。（都希望对方动作快一点儿）

（2）上课铃响了，教室里立刻（马上）安静下来了。（都表示声音很快消失）

从以上的例子可以看出，当动作真的是很快或说话人希望动作很快、两个动作中间的时间很短的时候，的确既可以用"立刻"，也可以用"马上"。

（二）只能用"马上"的情况

"马上"还可以指说话人觉得时间短，不管实际上需要多长时间。由于常用于表达对将要发生的事情的感觉，所以常说"马上就"。这时如果用"立刻"就会让人感觉比较突兀。比如：

（3）现在已经 10 月份了，冬天马上就到了。（不宜用"立刻"，事实上冬天不会立刻到来，只是说话人觉得时间快）

（4）时间过得太快了，我马上就 50 岁了。（不宜用"立刻"，时间只能是一天一天往前过的，只是说话人觉得时间快）

由以上的分析可以看出，"立刻"主要表示时间真的短、动作真的快（客观事实）。"马上"既可以用来表示时间真的很短（客观事实），也可以用来表示说话人自己认为的时间短（主观感受）。从这个意义上说，能用"立刻"的句子几乎都能用"马上"，但是能用"马上"的句子却不一定能用"立刻"。

十四、"还是"和"或者"的区别使用

我们在实践中可能见过这样的句子：

（1）十一小长假，我打算去哈尔滨，还是长春，还是沈阳。

只看这句话，其实我们看不出讲这句话的人到底表达的是什么意思。我们可以尝试做如下修改：

（2）十一小长假，我打算去哈尔滨、长春还有沈阳。

（3）十一小长假，我打算去哈尔滨，或者长春，或者沈阳。

（4）十一小长假，去哈尔滨，还是长春，还是沈阳，我还没有想好。

根据人们的表达习惯，我们推测，说话的人想要表达的是一种选择关系，但这个选择关系适合用"或者"来表述，不宜用"还是"。

那么在现代汉语里，"或者"和"还是"在表示选择关系时有什么区别呢？

《现代汉语词典》中对"或者"的解释为："或者，连词，用在叙述句中，可以表示选择关系。"例如：

（5）这个事情，或者你去做，或者他去做。

《现代汉语词典》中对"还是"的解释是："还是，连词，表示选择，放在每一个选择项的前面，不过第一项之前也可以不用"。比如：

（6）她来，还是不来？

（7）去哈尔滨，还是去长春，还是去沈阳，他一时确定不下来。

单从《现代汉语词典》以上的解释，"或者"和"还是"都是连词，都表示选择关系，好像没什么区别。但在编辑实践中，我们还是能够看到二者的不同的。

第一，"还是"一般多用在疑问句中，表示需要自己、对方或双方

做出选择，常常构成"（是）……，还是……"的句子。

1. 在第一个"是"做判断词的时候，不能省略。比如：

（8）你是美国人还是中国人？这句话是对的。

（9）你美国人还是中国人？这句话是错的。

2. 如果"还是"连接两个动词、动词性短语或者小句子，则可以省略第一个"是"。比如：

（10）你（是）去还是不去？

（11）你（是）喜欢苹果还是香蕉？

3. 根据语境，可以省略共同的成分。例如：

（12）你吃苹果还是（吃）樱桃？

（13）你去哈尔滨还是（去）大连？

（14）你去哈尔滨还是他去（哈尔滨）？

4. 当不知道怎样选择或有待做出选择的时候，可以不用疑问句。例如：

（15）项旭没有想好来还是不来。

（16）我不知道小刚想去哈尔滨还是大连。

（17）吃面条还是吃馒头，你来定。

第二，"或者"表示选择关系的时候，多用于陈述句。

1. 可以连接两个同类的词、短语或句子，例如：

（18）她想在大学城周围租房或者购房。

2. 口语也可以省略为"或"。例如：

（19）小王先跳或小张先跳，都可以。

3. 当需要做出选择的时候，既可用"或者"，也可用"还是"。比如：

（20）吃面条还是吃馒头，你来定。

（21）吃面条或者吃馒头，你来定。

4. 当要强调二者必须选择一个的时候，可以用"或者 A，或者 B"。比如：

（22）或者吃苗条，或者吃馒头，你来定。

由以上分析可得出如下结论：其一，"或者"主要用在陈述句中，而"还是"主要用在疑问句中。其二，"或者"多用在书面语中，口语中常用"或"。

十无、盈利、营利和赢利

要想用对这三个词，首先要弄清楚它们的词性。根据《现代汉语词典》的解释，"盈利"只能做名词用，因此"无法盈利"的用法就是错误的。而"营利"是动词，指的是主观上的获利，可以说"无法营利"。"赢利"既是动词又是名词，指经营行为的客观结果。

营利，主观上谋求利润，获得利润的愿望，并不是客观上有了利润。"营利"可在句子中充当宾语和定语，如："我们既要营利，又要提高产品的质量。""企业不能只图营利，不管产品质量。"这两个句子中的"营利"表达了主观上获利的愿望。"这个团体是个非营利性的机构。"这里的"营利"不能用"赢利""盈利"代替。

赢利，是动宾结构的合成词，做谓语用，表示的是经营行为的客观结果，不表示具体的数字。如"我们顺应市场要求组织生产，今年赢利了。"这个句子是对经营结果做了判断。

十六、"科目"和"课目"的区别使用

相信很多人都知道"科目"，写稿时也用过，但一般人很少用"课目"。第一次看军事节目时看到"课目"这个词，查词典方知道这

是一个军事训练的专用名词。那"科目"和"课目"的用法有什么区别，何时用"科目"，何时用"课目"？两个词可以混用吗？

请先看一下一些出版物上这两个词的使用情况：

（1）五代时期的进士科都考哪些课目？

（2）陆军讲武堂全学期教育课目表

（3）××旅汽车营演示科目解说词

（4）大学生军训课目

整个感觉，以上对"科目"和"课目"的用法比较混乱。

在《现代汉语词典》第 7 版中，科目有两个意思，一是按事物的性质划分的类别；二是指科举考试分科取士的名目。

从这个词的释义上，我们可以看出它的外延比较大，只要是划分的有类别的都可以叫"科目"。因为第二个意思的存在，现在的一些考试项目、竞赛项目也都用"科目"。比如：

（5）申论是国家公务员考试的一个科目。该科目的考试是让考生根据指定的材料进行分析，提出见解，并加以论证。

（6）学科指军事训练或体育训练中的各种知识性的科目。

可见"科目"可以指考试项目，也可以指训练项目。

在《现代汉语词典》第 6 版中，课目有两个意思，一是课程的项目，第二是军事训练中进行讲解和训练的项目。

从以上的两种释义中可以看出："课目"并不包括考试的项目或竞赛的项目，从其第二个意思来看，"课目"就是一个军事训练的专用名词，并不包括考核。

根据以上的分析，我们可以做出如下使用选择：当指单纯的军事训练或一般的课程项目时，可以用"课目"，它的外延比"科目"小；而谈到考核或竞赛时用"科目"。

十七、"一曝十寒"和"一暴十寒"的使用问题

《现代汉语词典》对"一曝十寒"的解释是：比喻勤奋的时候少，懈怠的时候多，没有恒心。这里只解释了它的比喻义。

"一曝十寒"成语出自《孟子》："虽有天下易生之物也；一日暴（pù）之；十日寒之；未有能生者也。"

这是孟子针对当时的齐王做事没有恒心的行为所打的比方，意思是即使是天下最容易成活的植物，如果晒它一天，然后冻它十天，也没有能活下来的。比喻无论做什么事儿，如果不能坚持，也不会成功。

后来"一日暴之，十日寒之"被浓缩成"一暴十寒"，经过长期使用成为成语。

"一曝十寒"自身意义比较完整，用法比较简单，可以做主语，也可以做谓语、状语等。例如：

（1）你要想在学业上有所建树，一曝十寒是不行的。

（2）你要在学业上有所建树，就绝对不能一曝十寒。

（3）如果你总是一曝十寒地学习英文，就不可能学好。

由于"一曝十寒"带有贬义色彩，所以在使用时常常与能愿动词的否定式或禁止义的词语搭配。例如：

（4）无论做什么事儿，都要坚持，不能一曝十寒。

（5）学习外语，最怕一曝十寒。

这个成语的主要问题是：应该写"曝"还是"暴"的问题。

《说文解字》中有："暴，晞也。从日从出，从开（gǒng，双手）从米。"

"暴"是会意字，本义是晒五谷。

后来"暴"被用于"暴露""突出""猛烈"等意义，为了与这些

意思相区别，后人增加了"日"旁，新造出形声字"曝"。所以从时间上讲，"曝"是后起字，"暴"和"曝"是古今字；从意义上讲，"曝"的出现是为了区别词义，所以也叫区别字。传统上一直把"暴"当作"曝"的通假字处理。

由于这句话出自《孟子》，属于经典，所以在字形上一直以"一暴十寒"为正体，虽然有时也写作"一曝十寒"，但多被认为俗体。《辞源》只收录"一暴十寒"。

《现代汉语词典》的早期版本也跟《辞源》一样。现在，《现代汉语词典》以"一曝十寒"为规范字形。

《现代汉语词典》列出了"暴 pù"的字头，"<书>同'曝'"。

也就是说，今天如果要用这个成语，就写成"一曝十寒"；要是阅读以前的书，见到"一暴十寒"的话，也不能读 bào，要读 pu。

另外，"曝"除了 pù 外，还有一个音 bào。"曝光"读 bào（旧读 pù），今天读 pù 就是不规范的了。"曝光"也可以写作"暴光"，但是不能写作"爆光"。

十八、"碳化"还是"炭化"？

《现代汉语词典》第 7 版出版后，虽然官方说除了收录了一些新词外，其他内容变化不大，但有些变化我们却不能不知道。在阅读学习中，笔者发现《现代汉语词典》第 6 版中收录的"炭化"，在《现代汉语词典》第 7 版中消失了，唯一可以查到的就是"焦化"一词的解释中用了"碳化"，其余的都是用碳化组成的碳化物，根本看不到"炭化"的身影了。《现汉》第 6 版收录的"炭化"是不是错了？以后再遇到"tàn 化"，写哪个对呢？

在《现代汉语词典》第 6 版中，对炭化的第二个解释为：物质燃烧成炭或含碳化合物。而在第 7 版中，这个词没有了。

我们先看几例因用了"碳化"被判错的例子：

（1）大火烧完以后，那个大墙门到现在我们还保留了乌焦漆黑的这么一个状态……你看它是完全碳化了。（2012 年 9 月《走遍中国》）

（2）它烧得已经是碳化了。（2012 年 12 月《走遍中国》（判错理由：炭化指物质燃烧成炭或含碳化合物，最后炭化。见《现代汉语词典》第 7 版，第 1263 页）

（3）看着眼前这片几乎已经接近碳化，但经纬脉络仍然非常清晰的丝织品残片，我们深深地震撼了。（2016 年 8 月《国宝档案》（判错理由：见《现代汉语词典》第 6 版，第 1263 页：物质燃烧成炭或含碳化合物，最后炭化。此处指丝织品出土后小气候剧烈变化，导致的炭化）

以上判错的理由依据的都是《现代汉语词典》第 6 版上收录的"炭化"一词。现在回过头来看，这几个"碳化"是否真错了呢？笔者认为这几个用法都没有错，可是因为"炭化"在《现代汉语词典》第 6 版中有收录，所以当时这个争论肯定打不赢。物质本身发生变化有物理变化和化学变化两种，碳化是一个过程，显然以上几例都发生了化学变化，应该用"碳化"，而不是"炭化"。

目前看，是不是再遇到"tàn 化"时，我们应该写作"碳化"而不是"炭化"了呢？

十九、什么地方可以使用繁体字？

有一位留学生发现北京师范大学有一栋建筑名叫"京師學堂"，四个字有三个都不是简体。他不明白为什么要用繁体字。

"京师学堂"是这座建筑的一个牌匾上的题字。其中的"京"不是繁体字，是"京"的一个异体字；师在那里用的是繁体"師"的书法体；"學"是"学"的繁体字。在牌匾上使用繁体字和异体字，是符合法律规定的。

2001 年国家实行《中华人民共和国国家通用语言文字法》，其第三条规定："国家推广普通话，推行规范汉字。"

规范汉字指的是简体字。这部法律确立了简体字的法律地位。

考虑到汉字历史悠久的实际情况，《中华人民共和国国家通用语言文字法》也同时规定了在下列情形下可以保留或使用繁体字、异体字：

（1）文物古迹中的繁体字或异体字可以保留；

（2）姓氏中的异体字可以保留；

（3）书法、篆刻等艺术作品中可以使用繁体字或异体字；

（4）题词和招牌的手书字可以使用繁体字或异体字；

（5）出版、教学、研究中需要使用繁体字或异体字的。

这名留学生发现的问题，符合上面法律规定允许使用繁体字或异体字的情形。

除了上述规定的情形外，其他场合都要求写规范字。而且随着计算机技术的发展，汉字信息处理技术也日益成熟和完善，更要求汉字的规范化和标准化。

参考文献

［1］ 王晓光. 期刊编辑与制作［M］. 武汉：武汉大学出版社，2014.

［2］ 赵健杰，谢安邦. 编辑理性与期刊发展［M］. 天津：天津科学技术出版社，2013.

［3］ 任培兵. 科技期刊编辑与管理［M］. 石家庄：河北科学技术出版社，2013.

［4］ 中国科学技术协会. 中国科技期刊产业发展报告：2021［M］. 北京：科学出版社，2022.

［5］ 周康. 期刊策划教程［M］. 北京：知识产权出版社，2018.

［6］ 鲁玉玲. 期刊编辑实务［M］. 北京：九州出版社，2018..

［7］ 杜永道. 语言文字答问［M］. 北京：语文出版社，2018.

［8］ 中国社会科学院语言研究所词典编辑室. 现代汉语词典［M］. 7版. 北京：商务印书馆，2016.